Auf die 60 zu

Auf die 60 zu

Von Helga Baumgärtner
mit Zeichnungen von
Erik Liebermann

ISBN 3-8231-0889-1
Dieses Werk ist einschließlich aller seiner Teile urheberrechtlich geschützt.
Jede Verwertung außerhalb der engen Grenzen des Urheberrechts ist ohne
Zustimmung des Verlages unzulässig und strafbar. Dies gilt insbesondere für
Vervielfältigungen, Übersetzungen, Mikroverfilmungen und die Speicherung
und Verarbeitung in elektronische Systeme.
© 2001, Tomus Verlag GmbH, München

Inhalt

Auf den Wellen der Wellness	7
Wolf im Schafspelz *oder* Der doppelte Günter	17
Götterdämmerung	27
Liebe geht durch den Staubwedel	37
Von Seiten- und anderen Sprüngen	47
Religiöser Wahn	53
Vier Freundinnen, gut aussehend, kultiviert …	62
Variante 101 des Knackerthemas	81
Kinderdank	89
Lieben Sie Mobbing?	99
Abnehmen macht Spaß	115
Spätlese mit Prädikat	124
Jahreswagen	135

Auf den Wellen der Wellness

Es war einer jener Tage, die zäh und träge dahin fließen wie Brackwasser. Als mich ein ganz bestimmter Satz ohne Vorwarnung überfiel, wusste ich es. Entweder stand ich am Beginn einer Karriere als Drehbuchautorin für Seifenopern, oder es war Zeit für eine geistig-körperliche Verjüngungskur. Nicht nur die Seifenoper war es, die mich beunruhigte.

Es gab andere Anzeichen. Wie weit weicht man vom gesunden Mittelmaß ab, wenn man die Körperschaftssteuer der Firma nicht an das Finanzamt überweist, sondern an das Institut für Hohlkörperphysik? War es eine vorübergehende Konzentrationsblockade oder einsetzende Altersdemenz? Ich handelte mir zwar keine Abmahnung ein, aber der Boss verlor kurz die Nerven und brüllte so dramatisch in den Raum, als gelte es, die Überweisung per Stimme umzudirigieren.

Du musst positiv denken, redete ich mir zu, als ich beim Rückwärtsfahren einen Opel Omega berührte, und dieser sofort Farbe abwarf wie eine Eidechse ihren fest geklemmten Schwanz. Ich fragte mich beunruhigt, ob mit nachlassender Drehfreudigkeit das Verhärten der Nackenwirbel anfängt. Vielleicht auch nur eine Pechsträhne, das Ganze, wie sie uns alle mehrmals im Verlauf der Lebensbewältigung heimsucht. Drei Vorstöße gibt man ihr. Dann läuft sie den Gesetzen des Aberglaubens nach ins Leere.

Bei mir schien die Gesetzmäßigkeit außer Kontrolle geraten zu sein. Was ich auch anfing, ich landete im Dreck. Von welcher Seite ich mich auch in Schaufensterscheiben und Spiegeln betrachtete, ein leichtes seelisches Unwohlsein stellte sich regelmäßig dabei ein. Meine Silhouette schämte sich, den Namen Figur zu tragen. Und was war das auf einmal, das sanfte Gekräusel auf der Oberlippe? Zwar nur schwach, aber auch ein Darüberstreichen, das zwanghafte Formen annahm, brachte das Plissee nicht zum Verschwinden. Es löste vielmehr den Drang aus, mit dem Dampfbügeleisen darüber zu fahren oder mit einem feuchten Tuch die Falllinien weg zu plätten. Weiter abwärts noch mehr Negatives. Lag es am ungünstigen Licht der frühherbstlichen Jahreszeit, dass meine unbedeckten Körperteile Pergamentrollen immer ähnlicher wurden?

„Du solltest ein paar Tage ausspannen", sagte meine Familie, als sie zum dritten Mal hintereinander versalzenen Risotto bekam.

„Das Salz ist gut, vielleicht könnte man ein wenig mehr Reis hineingeben", riet mein Ältester. Plötzlich schloss er die Augen, legte den Kopf in den Nacken und fuhr mit der

Zungenspitze in der Mundhöhle umher, ganz nach Art der Wettkandidaten in „Wetten, dass …". „Bad Reichenhaller Markensalz mit Fluor", gab er sich kenntnisreich. Als Geste der Versöhnung stimmte er daraufhin ebenfalls für Ausspannen. Seine Schwester betätigte sich als gefährliche linke Agitatorin. Es gelang ihr ein Satz, in dem Engels und die Berufstätigkeit von Frauen Hauptrollen spielten, der sonst aber keine weiteren Höhepunkte bot. Eine kleine bedeutsame Stille kreiste über der Runde. Auf eine Kopfbewegung meines Mannes hin erhoben sich die Drei und zogen sich zur Beratung zurück, ohne von den abgegessenen Tellern und Schüsseln in irgendeiner Weise Notiz zu nehmen.

Mein Mann erledigte schnell noch seinen Teil der Hausarbeit, der darin bestand, mehrmals täglich sämtliche Türen und Fenster aufzureißen, damit die Zugluft Gelegenheit bekam, die Natur im Haus gleichmäßig zu verteilen: angefangen von Regen und Schnee über Blütenstaub bis zu den bunten Blättern im Herbst. Hinter vorgehaltenem Fuß gaben Spinnen und andere niedliche kleine Bestien die Adresse unseres Heims als allzeit offene Herberge weiter. Das „Hol-die-Natur-ins-Haus-System" war insofern ganz praktisch, als es mir ohne Blick auf den Kalender gestattete, die Jahreszeiten zu bestimmen. Der Fußboden gab Auskunft über die Zeit der Birkenblüte, über flügge Tannenzapfensamen und das Reifen der Holunderbeeren. Nach zehn Minuten kamen meine Lieben zurück. Sie hatten ein Paket geschnürt. Weihnachten, Geburtstag und

Muttertag zusammengenommen, von allen Dreien: ein Wohlfühlwochenende. Verpackt in die Bemerkung: „Am besten, du gehst, wenn wir auch mal alle nicht da sind. Da gibt es die wenigsten Komplikationen."

Mit Unterstützung einer Überdosis Adrenalin suchte ich mir ein Wochenende aus, an dem garantiert alle zu Hause waren. Sogar mehr als alle. Ein Austauschstudent bereicherte die Familienrunde. Mit Hilfe dieses Akts der Befreiung kam ich bereits völlig losgelöst vom Ich in den Erlebniswelten an.

Der Empfang machte neugierig. Engelsgleiche Wesen nahmen mir das Gepäck aus den Händen und führten mich in mein Zuhause der kommenden drei Tage – eine Luxuskabine. Aus allen Himmelsrichtungen stießen Wohlgerüche zu mir vor, aus der Kanalisation, aus der Klimaanlage, aus der WC-Schüssel und aus malerisch verteilten Töpfchen. Alles zusammen ergab eine Duftkomposition, die mit der Parfümfabrik in Grasse mühelos konkurrieren konnte. Zarte Hände entkleideten mich und hüllten mich in Tücher. Wie überhaupt Tücher eine tragende Rolle in den nächsten Tagen spielen sollten.

Mein Körper wurde verborgen in ein riesiges sonnengelbes Laken, sphärische Klänge setzten ein, eine Fee legte Blütenblätter auf meine Augen, und nun sollte ich schlafen. Ich konnte tagsüber noch nie schlafen. Die verordnete Wellness nahm darauf keine Rücksicht. Nach der vorgeschriebenen Pause massierte eine Geruchsfee verschiedene Öle in meine Haut, packte mich in Folie und überstellte mich dem Rotlicht, das mich ins Schwitzen bringen sollte. Zuerst fühlte ich mich wie ein eingeschweißtes Würstchen, bis mich die Aroma-Therapie sanft in die Arme nahm und alle Verhärtungen und Verkrustungen löste, die das hinterhältige Leben zimmert.

Weitere zwei Stunden später betrat ein Bär meine Klause, hinter ihm rückten Energie und ähnliche Kräfte an. Auf unerklärliche Weise gelang es der kleinen Gestalt, mit seinen kurzen Beinen schwere Schritte auszuführen, die nicht ohne Leichtigkeit waren. Auf diese schwebend stapfende Art sich fortbewegend, legte er die Distanz von der Türe bis zu meinem Lager zurück. Er bugsierte mich mit freundlichem Grinsen auf eine warme Terrakotta-Liege und begann mit festem Händedruck und entschlossener Wildheit seine Arbeit. Er machte mich mit jedem einzelnen Muskelstrang meines Körpers bekannt und stellte mittels Liquid Sound und Rosengel den Einklang von Körper und Seele her.

Die neu errichtete Harmonie verpackte er in frische Tücher, diesmal azurblau.

Endlich auch trug man erdenschwerer Körperlichkeit Rechnung. Ein zierliches Wesen rückte mit einer Tasse grünem Tee an. Mehr nicht. Nach der inneren Einkehr, in der das „Burn-Out-Syndrom" Gelegenheit bekam, mein Ego zu verlassen, schwebte ein anderes zierliches Wesen herein und entfernte das azurblaue Laken mit den darin gefangenen seelischen Unpässlichkeiten und führte mich nach nebenan in Schaumlandschaften. Darin durften die bis jetzt noch nicht entwichenen Verstimmungen den Ausgang suchen.

Ich konnte der Versuchung nicht widerstehen, an der Badeflüssigkeit zu lecken. Leider war es keine kuhwarme Eselsmilch. Schade. Ich hätte mich gerne wie Kleopatra gefühlt.

Der ganzheitlichen Reinigung schloss sich ein Ganzkörper-Peeling an, das meinen Pergamentrollen zu Leibe rückte. Eine Sonderbehandlung erhielten meine nicht mehr gesellschaftsfähigen Füße mit den Hornhautschrunden an den Fersen. Meine Zehennägel hatten ihre genetische Form bereits verlassen und wuchsen eigenwillig, schufen kleine Gebirge, bildeten Erhebungen und schroff abfallende Rillen. Das Ende all der durchaus wohltuenden Prozeduren fand mich in einem weißen, flauschigen Bademantel.

„Heute Abend können Sie in die Biosauna oder in die Sole-Grotte gehen", sagte der dienstbare Geist. Wenn Sie den Anblick Ihrer nackten Hülle ertragen, sagte er nicht. Aber er lächelte sehr freundlich. Ab diesem Augenblick begann ich mir Gedanken zu machen, ob die mitgebrachten Fünf-Mark-Stücke ausreichen würden, all den anteilnehmenden Liebenswürdigkeiten Anerkennung zu zollen. Freundlichkeiten, die exakt auf der Grenzlinie zwischen ablehnendem Stolz und ausgestreckter Hand jonglierten.

Der Abend gehörte mir und zweihundert Kalorien, die sich angeberisch auf einem Tellerdurchmesser von dreißig Zentimetern breit machten. Eine mitfühlende Seele aus dem Küchenbereich hatte das Tablett mit einem Blümchen und einer Erdbeere extra angereichert.

Für den kommenden Morgen war Ausschlafen angeordnet. Ich bin Frühaufsteherin. Der daraus sich ergebende Konflikt war im Wohlfühlplan nicht vorgesehen. Ich hatte Zeit, aus dem Fenster zu schauen. Das Wetter hatte einen depressiven Tag und lebte ihn rücksichtslos aus. Es warf dunkle Wolken auf den Himmel und experimentierte auf hinterhältige Weise mit atmosphärischem Wasserdruck. Elegisch sah ich den meteorologischen Abartigkeiten zu. Trotz dieses eindrucksvollen Schauspiels war mein niedriger Blutdruck überhaupt kein Blutdruck mehr, als gegen neun Uhr eine Göttin der Morgenröte erschien und einen Kräutertee brachte – mit Nichts. In diesem Augenblick bedauerte ich, nicht so tief religiös zu sein wie meine Mutter, die in dramatischen Momenten ihres Lebens zu den Psalmen griff und betete: „Der Herr ist mein Hirte, nichts mangelt mir." Ja, auch nicht das Nichts...

Aurora ließ mich die Frühstückskargheit vergessen, indem sie mir eine Lavendel-Waschung zukommen ließ und mich dann in ein frisches Tuch wickelte. In der Farbe der Morgenröte. Ein Ambiente zum Träumen. „Lassen Sie sich fallen, geben Sie sich total hin", flüsterte die Göttin der Morgenröte in das Knurren meines Magens hinein und überantwortete mich der inneren Gesundung.

Pünktlich um zwölf Uhr durfte ich wieder zurückkehren aus der Hingabegrotte. Das Mittagessen wurde serviert. Dem Auge bot sich ein beeindruckendes Verteilungsarrangement. Die Präzision im Umgang mit Leere und Raum setzte sicherlich ein naturwissenschaftliches Studium des Arrangeurs voraus und produzierte ganz nebenbei Synergie, denn die Teller brauchten nach der Mahlzeit nicht mehr gespült zu werden, ein oberflächliches Abwischen genügte für die Beseitigung der Fußspuren von Spargelstange, Salatblatt und Gurkenscheiben. Verführerisch wie die Lorelei hockte eine getrocknete Aprikose am Tellerrand, weitab von ihren ordinären Geschwistern aus dem Gemüsegarten. Sie trug ein keckes Tirolerhütchen aus Oblate. Den Gamsbart ersetzte ein Spruchband mit dem Slogan: „Alter ist nicht die Summe der gelebten Jahre, sondern eine Frage der richtigen Kalorien."

Wie am Vortag, sollte nun geschlafen werden. Bei Ungehorsam drohten Tiefenwärme und Reizstrom. Ich unterließ jede Form von Aufbegehren und ließ mich spüren, wie gut es tut, sich von Feen und Heinzelmännchen umtanzen zu lassen, statt selbst zu umtanzen, worin ich jahrzehntelang mein Äußerstes getan hatte. Für den Nachmittag war ein kleiner Umzug in den Beauty-Salon geplant. Neue Düfte, neue Feen, neue Tücher, neue Zustandserfahrung. Die Gesichtsreinigung wird zur befremdlichen Angelegenheit: Gesicht und Dekolletee in warmem Wasserdampf, Cremes, Peeling, Lotionen, zartes Klopfen, Drücken und Massieren, kleine vibrierende Glasglocken auf der Haut. Wieder Cremes. Mindestens drei Kilo davon verschwinden in den Poren. Welch ein Unterschied zur üblichen, eilig vorgenommenen Einbalsamierung vor dem Badspiegel: zwei Finger in den Salbenpot, und was daran hängenbleibt, mehr oder weniger gleichmäßig über Gesicht, Augenlider und Dekolletee verteilt.

Abends winkte der Höhepunkt der losgelösten Tage. Ein Vortrag. Die Verkörperung eines göttlichen, männlichen Wesens verstand es, das Publikum mitzureißen: ein Endvierziger, schlank und extrem gut aussehend, in einem eleganten weißen Anzug. Seine erste Forderung lautete, sämtliche Negativerlebnisse von der mentalen Datenbank zu löschen. Während ich noch daran arbeitete, die Rechnung über die von mir beschädigte Stoßstange des Opel Omega in Höhe von Eintausendachthundert Mark zu löschen, war er bereits bei dem Thema: „Problemzonentraining und Persönlichkeit" angelangt. „Gut aussehende Angestellte verdienen mehr", rief er in den Saal.

Sichtlich beeindruckt von seinen eigenen Worten gelang es ihm, mit seinem Augenpaar hypnotisch in hundert einzelne Augen gleichzeitig zu blicken. Ich saß da, die Oberlippe zwischen den Zähnen und guckte verstört, nahm mir aber trotzdem vor, gleich am Montag eine Gehaltserhöhung durchzuboxen. Die neulich irregeleitete Körperschaftssteuer erschwerte ein wenig den Zufluss von Courage, den der Göttergleiche in Aussicht stellte.

Der Persönlichkeitsaufrichter gestattete sich mehrere

kurze, aber dramatische Pausen, dann öffnete er eine neue Schublade seines Könnens: „Schließen Sie die Augen, bis die Wärme kommt. Lassen Sie Ihre seitherige Existenz Revue passieren. Verweilen Sie bei vertrauensvollen Erlebnissen. Das ist gut für die Seele und bringt Sie zurück ins Gleichgewicht."

Sein Vorrat an aufbauenden Worten war beeindruckend. Ich verhedderte mich bei der Flucht aus dem Alltag in Stresssituationen am Wegesrand und stolperte. Oder hatte ich mich zu lange bei der Suche nach vertrauensvollen Erlebnissen in meinem seitherigen Leben aufgehalten? Denn es konnte doch wohl nicht sein, dass er gesagt hatte: „Wenn noch etwas schief geht, dann müssen Sie Ihr Parfüm überprüfen." Für Unklarheiten gab es seine Bibel zum Selbstkostenpreis von Hundertneunundreißig Mark und neunzig Pfennig zu kaufen.

Der letzte Tag brachte neben viel Tröstlichem für den Körper auch die Normalität. Ich schaute in den Spiegel. Die Wangen waren rosig, die Ränder unter den Augen verblasst. Die Straßenkarte um den Mund fast verschwunden. „Bin ich das wirklich? Oder die Königin von Saba?"

Das gefundene innere Gleichgewicht entschlüsselte mir die Botschaft, die mir die charismatische Lichtgestalt hatte zukommen lassen:

„Ich werde weiterhin gelegentlich im Dreck landen – aber er wird Wohlgerüche verströmen. Die Landung jedoch – die wird sich nie mehr dieselbe Körperstelle zum Anlanden aussuchen."

Wolf im Schafspelz *oder*
Der doppelte Günter

Das Letzte, was Günter von seiner Frau sah, war ein Zipfel ihres kardinalroten Schlabberrockes, der – eingeklemmt unter der Fahrertüre – aufgeregt zu flattern begann, als der Fahrtwind sich seiner bemächtigte.

Was den doch irgendwie überraschenden Abgang von Isabella betraf, so wusch er seine Hände in Unschuld, weil sie außer der Pendeluhr aus dem sechzehnten Jahrhundert auch die Seife mitgenommen hatte.

Geblieben war ihm sein Freund, der kurioserweise auch Günther hieß, allerdings mit „h", im Freundeskreis aber nur „Günther zwo" gerufen wurde, da es nicht in allen Fällen gelang, über eine feuchte Aussprache das „h" im Namen hervorzuheben. „Gräm dich nicht länger", sagte also der Günther mit „h" zu dem ohne nach dem dritten Besäufnis, bei dem er ihm wie bei den vorhergehenden in selbstloser Weise trunkkräftig assistiert hatte. „Die Welt ist voller Bet-

ten, und in jedem Bett liegt eine Frau!" Er sagte dies unstreitig in tröstender Absicht, aber auch in grandioser Missachtung der Weltbevölkerungsgesetze, wonach Betten nur zu fünfzig Prozent mit Frauen gefüllt sein können und auch davon muss noch ein gehöriger Prozentsatz für all das unreife Gelichter abgezogen werden, das für Günter nicht zur Disposition stand. „Im Übrigen musst du froh sein, wenn sie nicht noch ein Buch mit Enthüllungen über dich schreibt, denn je weniger es zu berichten gibt, desto ausführlicher wird aus der Wäsche geplaudert. Hör also auf, zu jammern und tu lieber was", sagte er, weil er außer an das Lebensglück seines Freundes vor allem an seinen Führerschein und seine Leberwerte dachte, die beide noch gebraucht wurden und nicht auf dem Altar des Alkohols geopfert werden durften. Plötzlich gab er seiner Stimme einen theatralischen Touch:

„Das beste Mittel gegen Liebeskummer ist, sich neu zu verlieben, sagen die Therapeuten. Wenn man in unserem Alter überhaupt noch von Liebeskummer reden kann. Mal ehrlich, zerlegt man dieses abstruse Gefühl in Einzelteile, so kommen Ärger und Wut über das Sitzen-gelassen-Werden und Angst vor dem Alleinsein heraus."

Nach diesem Ausflug in die Selbsterkenntnis begann er zu trösten.

„Im Grunde genommen kannst du über diese Entwicklung froh sein. Wer hat schon das Glück, mit fünfundfünfzig völlig neu wählen zu können."

„Froh sein? Etwas tun?", fragte der Verlassene und zog seine Mundwinkel bekümmert nach unten, dass er einem Walross mit Migräne ziemlich ähnlich sah.

„Du hast gut reden", fuhr er fort, weil geheimnisvolle Andeutungen und ebensolche Rendezvous die Vermutung nahe legten, sein Freund habe mit seiner neuen Partnerin das große Los gezogen, aber partout sein Geheimnis nicht lüften wollte. Er zog in verzweifeltem Bemühen, seinen Hosenbund dorthin zu befördern, wo er nach den Gesetzen der Anatomie hingehörte, an seinem Gürtel. In seiner momentanen Zerfahrenheit war ihm entfallen, dass er sich schon vor Jahren entschlossen hatte, den Gürtel unterhalb des Bauches zu tragen.

„Mit Mitte fünfzig den ganzen Zinnober noch mal von vorn zu beginnen, das ist mir zu stressig und schließlich, man ist ja auch kein Adonis mehr", sagte er. Er ließ ab von seinem aussichtslosen Bemühen und versank in gnädige Apathie.

Günther zwo betrachtete seinen Freund und erlaubte sich kurz darüber nachzudenken, wo der erwähnte Adonis wohl gewesen sein könnte. Laut und mit ungeheuerlich mitfühlender Miene, ließ er sich vernehmen:

„Schau mal, Günter, du gehörst zu den Menschen, denen man sehr nahe kommen muss, um den Reiz zu sehen, den ihnen die Seele gibt."

Dabei hieb er ihm auf die Schulter, dass der reizlose Seelenmensch in die Knie ging.

„Leugnen hilft nichts, alles ist bei dir ein bisschen aus

dem Ruder gelaufen. Du beginnst dich gehen zu lassen, Alter. Deine Krawatte zum Beispiel sieht aus, als hätte sie beide Weltkriege mitgemacht, und den Flecken nach zu urteilen an der vordersten Front", fuhr er fort und sein Gesichtsausdruck rutschte vollends in die Trübsal ab. Solch klaftertiefe Ehrlichkeit erträgt nur eine sehr verlässliche Freundschaft.

„Und was den Rest betrifft", fügte er an und ließ seinen Blick gnadenlos auf dem Feld der Verwüstung, das der Undercover-Adonis in diesen Tagen des Kummers bot, spazieren gehen, „so wäre es besser, du würdest dich nicht selbst anpreisen, sondern auf Angebote, also Annoncen zurückgreifen. Die Medien sind voll davon."

Dieses „... voll davon" schien eine bevorzugte Redewendung von ihm zu sein und man konnte dem mit einem „h" angereicherten Günther wohl zu Recht eine gewisse mathematische Verblendung bescheinigen.

Günther zwo opferte seinem Freund also noch einmal drei Abende. Er erschien mit einem Stoß Zeitungen unter dem Arm und einer Flasche Lebenswasser. Von beiden verbrauchten sie im Laufe des Abends gehörige Mengen. „Wo wollen wir suchen, in ‚Heiraten', ‚Zusammenleben' oder ‚Gemeinsames Erleben'?", fragte er und blätterte emsig.

Die Hauptfigur in dem Spiel mit mehreren Unbekannten verhielt sich reserviert.

„Ich weiß wirklich nicht ...", begann der verlassene Günter unschlüssig, „... schließlich geht es bei der Suche nach einer Partnerin nicht um einen Gebrauchtwagenkauf, den man ebenso gut über die Zeitung erledigen kann."

„Gebraucht! Du sagst es. Die Unterschiede sind weniger groß, als du glaubst. Beide Male geht es um Treu und Glauben. Du kannst dir absoluten Schrott einhandeln oder eine Kostbarkeit finden. Wichtig ist nur ..." Er hob den Blick, musterte seinen Freund aufs Neue und seufzte.

„Die Wünsche nach bebilderten Zuschriften werden wir erst mal ignorieren. Dann hast du die Chance, Boden gut zu machen mit Rumsulzen am Telefon, mit dem Schreiben esoterisch angehauchter Briefe, mit Blumenschicken, den ganzen Kappes halt. Du musst nämlich wissen, dass die Zeit, da Männlichkeit eine günstige Konstellation war, große Taten zu vollbringen, heute ein Problem ist, das überwunden werden muss. Wikinger-Aufgüsse lassen Frauenherzen schon lange nicht mehr höher schlagen. Heute muss man einen Quarkkuchen backen können, den Grad der biologischen Abbaubarkeit bei Waschpulversorten kennen, als Leitwolf Untergebene zur Grenze ihrer Leistungsfähigkeit führen und dennoch ein warmherziger, mitfühlender, sensibler Vorgesetzter sein. Mit so was kaperst du Frauen. Wenn wir also hier irgendwo auf Wünsche wie gemütlich am Kaminfeuer Rotwein trinken stoßen, muss dir klar sein, was auf dich zukommt. Mit so einer musst du ständig emotional kommunizieren, musst dich voll einbringen in die Beziehung, musst immerzu betroffen sein, bis du vor Ergriffenheit triefst." Dies alles sagte er in einem

Ton, als koste es ihn eine gewisse Überwindung, so zu sprechen.

„So etwas in der Art hat Isabella auch immer gesagt", warf Günter dazwischen und bekam einen traurigen Dackelblick. „Und warum kennst du dich mit der Materie so gut aus? Schreibst du Diskussionsbeiträge für eine Männergruppe zum Thema: ‚Probleme, Gefühle und Ergriffenheit' oder kämpfst du gegen Entgrenzungsängste an, die das Weib als solches über dich gebracht hat?", fragte er und lachte seit langem wieder einmal herzlich.

„Ach Quatsch, ich weiß es eben", erwiderte Nummer zwo ein wenig zu schnell und fuhr rasch fort: „Wie alt soll sie eigentlich sein, deine Wunschkandidatin?"

Und ohne die Antwort abzuwarten, fügte er hinzu: „Ich muss dich nicht auf all die Probleme aufmerksam machen, die eine wesentlich jüngere Partnerin mit sich bringt. Du schindest damit unter deinesgleichen zwar mächtig Eindruck, hast aber möglicherweise zu viele Duftmarken zu setzen. Das kann ganz schön an die Kraftreserven gehen. Ich würde sagen, wir schauen nicht nur bei minus, sondern auch bei fünfundfünfzig plus, denn die reifen Exemplare haben durchaus ihre Vorteile."

Günter der Erste nickte, und bevor sie ins Detail gingen, nahmen sie einen kräftigen Schluck. Beflügelt durch den Geist der Flasche begannen sie die Anzeigen zu studieren.

„‚Bist du warmherzig?' Scheint eine begehrte Eigenschaft zu sein, denn danach wird oft gefragt. Oder bist du

‚innen und außen schön mit Sinn für Hintergründe und Tiefgang'? Hab ich's nicht gesagt? Du solltest zuerst lernen, mit deinen Gefühlen in Kontakt zu treten. Um ja nichts falsch zu machen, würde ich an deiner Stelle erst nach einem Aufenthalt in einem Umerziehungslager weiter suchen."

Der verlassene Günter war ziemlich durcheinander, um nicht zu sagen überfordert. Er versuchte es noch einmal mit dem Geist aus der Flasche, aber der machte sich unsichtbar davon.

„Da tummeln sich ziemlich viele Powerfrauen auf der Schnupperwiese. Es lärmt nur so von ‚stark, selbstbewusst und unabhängig'. Da kann einem richtig angst und bange werden. Hör mal: ‚Attraktive Mitfünfzigerin, mit Stil und Power, beruflich engagiert, eigenständig und eigenwillig sucht keinen Cabrio-Hengst.'"

„Also vermutlich einen dressierten Hausmann", rief Günther zwei dazwischen, und sie brachen in ein homerisches Gelächter aus.

„Oder hier: ‚... und eines Tages lehnst du deinen Kopf an meine Schulter.'"

„Sauber. Ja, wo sind wir denn. Und – oh, oh, Finger weg, würde ich sagen, das hört sich schwer nach Unterwerfung an."

Sie lachten wieder und versuchten das Gewieher verächtlich klingen zu lassen. Aber es klang nur erschreckt. Daraufhin senkten sie den Flaschenpegel erneut, und es dauerte nicht lange, bis Günter wieder fündig wurde: „Da liebt eine die Menschen, ihren Dackel und ihr Pferd", brustete er los.

„Und diese da will wissen: ‚Wer schnurrt mit Siamkatze?'"

Nun brachen bei beiden die Dämme. Als Günther zwo wieder einigermaßen bei sich war, sagte er: „Du musst mächtig aufpassen, dass dir nicht die Fauna den Platz an ihrer Seite streitig macht." Und sein Freund fragte verwirrt: „Wo sie sich bloß alle verstecken, diese prächtigen Exemplare mit dem kostbaren Innenleben, die hier zur Wahl stehen? In der freien Wildbahn begegnest du ihnen jedenfalls nicht."

Günther zwo, der beim Umblättern auf eine reißerische Überschrift gestoßen war, fragte: „Möchtest du nicht die uralten Geheimnisse, die in deinem Innersten schlummern, wieder ausgraben und die Kunst aktivieren, unterbewusst erotische Botschaften auszusenden?"

Der erste Günter winkte entnervt ab. Er hielt es mehr mit den bewussten Botschaften, solchen, die das Bankkonto leichter machen. Sie arbeiteten sich schenkelklopfend durch den restlichen Selbstdarstellungswald hindurch. Die Sache begann dem verlassenen Günter Spaß zu machen.

„Weißt du", sagte er zu seinem Freund, als sie die Seiten austauschten, „ich befinde mich im Augenblick zwar in einer Krise, habe aber den Eindruck, dass sie fruchtbar werden kann. Ertragreich für mein künftiges Leben."

Nachdem sie gewissenhaft Anzeige für Anzeige geprüft hatten, einigten sie sich auf: „Eine Dreiundfünfzigjährige – altlastenfrei – steht vor Neubeginn ...", wobei Günther zwo behauptete, dass es „altlastenfrei" im eigentlichen Sinne nicht gäbe, wie jeder Psychoanalytiker gegen ein beträchtliches Honorar bestätigen könne.

Nach beendigter Sucharbeit hatte der Flascheninhalt vollständig die Fronten gewechselt. Der erste Günter fiel der Nummer zwo um den Hals. Er hatte Tränen in den Augen, als er sagte: „So einen Freund wie dich gibt es nur einmal. Es ist nicht zu fassen, wie selbstlos du mir in meinem Elend beigestanden hast." Seine Stimme zitterte heftig. „Und jetzt auch noch deine Hilfe hier bei meiner Neuorientierung. Ohne dich, Partner, wäre ich in der Gosse gelandet. Dir hab ich es zu verdanken, dass ich wieder ich selbst sein kann. Mein ganzes Leben lang werde ich dir diese edle Tat nicht vergessen." Und der Raum füllte sich mit wohlig menschlichen Gefühlen.

Günther zwo war unangenehm berührt. Er schüttelte seinen Freund und den Dank heftig ab. Er schnaubte wie ein Ross mit Heuschnupfen und räusperte sich umständlich.

„Hör mal, ich muss dir was sagen. Du erfährst es ja doch. Isabella hat sich ein ‚h' zugelegt."

Und da der ohne ihn nur ein bisschen alkoholblöde anblinzelte, gab Günther zwo seinem Gesicht einen dramatischen Faltenwurf und wurde deutlicher: „Also, sie ist von dir zu mir gezogen!"

Götterdämmerung

„Herr Wiesloch, was Sie mir hier präsentieren, ist ein Trauerspiel und keine Erfolgsbilanz. Ich bezahle Sie nicht dafür, dass Sie auf firmeneigenen Stühlen Ihren Armani-Hosenboden durchwetzen. Ich will Leistung sehen."

Hans-Peter Wiesloch war ein paar Sekunden damit beschäftigt, dem Choleriker in sich gut zuzureden.

„Lassen Sie mich bitte ausreden", sagte da der Boss in die beredte Stille hinein und entließ noch ein paar flinke Sätze aus der Fibel der Weltwirtschaftseroberung.

„Ich denke, man muss bei der Entwicklung auch das gebremste Konsumverhalten und die schwache Konjunktur berücksichtigen", antwortete der Angeschossene, und es klang in der Tat nicht sehr überzeugend.

„Überlassen Sie das Denken besser den Friseuren, die haben mehr Übung mit Kopfarbeit", antwortete der Alleinherrscher, und Herr Wiesloch war sicher, der Boss

würde ihm jetzt auch gleich noch sein Lieblingszitat präsentieren, das er einem amerikanischen Managermagazin entlehnt hatte und bei jeder Gelegenheit zum Besten gab: „In Zeiten schwacher Konjunktur Menschen wie rohe Eier zu behandeln, ist Luxus." Aber die Zeit schien noch nicht reif für die kapitalistische Offenbarung.

Herr Wiesloch sprach nun von der Notwendigkeit, Kostenreduzierung durch Produktivitätssteigerung zu erreichen, um wettbewerbsfähig zu bleiben. Eben all das betriebswirtschaftliche Gewäsch, das einem so einfällt, wenn einem sonst nichts einfällt.
Es darf angenommen werden, dass der Alkohol, mit dessen Hilfe er sich gestern auf die anstehende Unterredung vorbereitet hatte, bei ihm noch zur Untermiete wohnte. Er hatte wohl zu viele IQ-Punkte vernichtet, denn er sagte: „So richtig lustig wird es im Hühnerstall ja auch erst im Jahr 2012."
Herr Kreiner konnte nicht wissen, dass sein Mitarbeiter soeben über seinen Angestelltenstatus nachdachte und ihm dabei der Ausdruck „Käfighaltung" eingefallen war und er deshalb, ohne es absichtlich herbeizuführen, die Batteriehennenlegeverordnung in den Kopf bekam.
Und hatte er nicht erst kürzlich ein Managementseminar besucht, in dem viel von einem lockeren Umgang zwischen Chef und Subchef die Rede war? Geradezu kumpelhaft war der Ton in den Planspielen gewesen.

Was das Soft-Management anbelangte, schien Herr Kreiner Defizite zu haben. Er schrie los: „Ja, Himmel, Herrgott", und diese Worte standen ihm eigentlich nicht zu, denn er zahlte keine Kirchensteuer, „bin ich denn von lauter Vollidioten umgeben? Nächste Woche erwarte ich von Ihnen konstruktive Vorschläge."

Ein „bei Philippi sehen wir uns wieder" hätte nicht unheilvoller klingen können.

Die Sonne stand bereits tief im Westen. Ihr Einfallswinkel tauchte das Büro in eine grelle Helle. Hans-Peter Wiesloch starrte auf das mit Zahlenkolonnen bedeckte Blatt, das vor ihm auf dem Schreibtisch lag. In kurzen Abständen fuhren seine Hände über das Papier, als ließe sich das Zahlengefüge beliebig verschieben. Der Monatsabschluss zeigte seit fünf Monaten rote Ergebnisse. Es hatte keinen Sinn, sich noch länger etwas vorzumachen. Der Abwärtstrend hielt hartnäckig an. Als Geschäftsführer des Bereichs Produktion hatte er dafür gerade zu stehen.

Herr Wiesloch hob mühsam den Kopf und musste niesen. Nach einem kurzen Mustern des Sonnenballs hinter der schlecht gereinigten Scheibe, auf der die Spuren des Abziehers zu sehen waren, stand er auf, ließ die Jalousie vor dem Fenster herunter und stellte sie ein wenig schräg. Das Licht traf nun in schmalen Streifen auf die Schreibtischplatte. Fast unmerklich schoben sich die Lichtbänder weiter. Ihm aber kam es vor, als bliebe einer davon greller als alle anderen auf dem Negativergebnis stehen. Offensichtlich hatte ihn das Manöver, Anne abzuwerben, doch mehr Kraft gekostet, als er ahnte. Aber kein echter Mann lässt sich solch eine Chance entgehen. Oder hätte er wirklich aufgeben sollen, als sie von ihrem Angetrauten bereits in der Vergangenheit sprach? Als sie erzählte, mit ihm habe man sich nur über die Außenhandelsbilanz nach Einführung des Euro unterhalten können?

Ein Test war zu bestehen. Wagners Götterdämmerung statt Fußball. Schneizelreuther Symphoniker statt Kegelabend. Zur Balz gehörte in seinem Fall eben auch das harte Geschäft der Kulturbewältigung. Der Festivalsommer musste in all seiner prallen Vielfalt absolviert werden. Zudem, eine Frau: „Oh, Mann", sagen zu hören, war alles, was ein Mitfünfziger brauchte, um zu wissen, dass er noch immer Eindruck machen konnte. Das „Oh, Mann", hat ja auch nach *da capo* gerufen. Die Steigerung der Firmenproduktivität war etwas in den Hintergrund getreten. Das ist wahr. Das ist menschlich. Das ist männlich.

Herr Wiesloch riss sich von der Erinnerung an die *da capos* los und griff nach dem Taschenrechner, holte sich einzelne Zahlen mit dem linken Zeigefinger aus den Kolonnen und tippte sie ein. Addierte, subtrahierte, starrte auf das Ergebnis und lehnte sich erschöpft zurück. Eine

Reduzierung der Kosten war unmöglich. Schaffte er es nicht, den Abwärtstrend zu bremsen, würde Herr Kreiner als erstes seine erfolgsabhängige Tantieme streichen und in letzter Konsequenz nicht davor zurückschrecken, ihn zu feuern wie einen erfolglosen Fußballtrainer.

„Andere Zahlen oder andere Köpfe" war ein weiteres Lieblingszitat, an dem er seine Mitarbeiter großzügig teilhaben ließ. Alles Ignorieren half nichts. Die Götterdämmerung hatte Herrn Wiesloch eingeholt. Das Gespräch heute mit dem Boss hatte ihm immerhin die Probleme der Götter etwas näher gebracht.

Die Dynamik wich aus Herrn Wieslochs Haarschnitt, der auf eins Komma acht Zentimeter zurechtgestutzt war und ließ zerquetschte Stoppeln zurück. Sie verzog sich aus den straffen Zügen und verwandelte das Gesicht in eine schwammige Maske. „Verdammt! Gerade jetzt muss das Ergebnis Zicken machen", zischte er vor sich hin. Er brauchte das Geld der Sonderzahlung. Es war in seinem Etat fest eingeplant. Schließlich wollte er Anne etwas bieten. Er hatte bereits von einem Haus in Spanien gesprochen, ihr von einer kleinen Yacht vorgeschwärmt. Denn an dem volkstümlichen: „Wo die Liebe hinfällt", hatte er so seine Zweifel, weil er zu oft beobachtet hatte, wie Frauenliebe auf Erfolgsmänner mit gutem monetären Polster gefallen war.

Das Gespenst des endgültigen Aus bleckte die Zähne. Nicht, dass Anne ihm Vorwürfe machen würde. Er sah bereits das kurze spöttische Flackern in ihren Augen, während sie ihm zu verstehen geben würde: „Aber Hans-Peter, das ist doch nicht so schlimm. Wenn wir uns etwas einschränken, können wir von meinem Gehalt leben."

Seine Hand fuhr zum Telefon, blieb in der Luft hängen, als müsste sie über den Fortgang ihres Tuns nachdenken und drückte dann die Ruftaste. „Frau Eichhorn, könnten Sie mir bitte eine Umsatzstatistik der letzten Monate ausdrucken, aufgeteilt nach den einzelnen Produkten. Ich warte darauf."

Er stützte sich mit den Ellbogen auf die Schreibtischplatte und legte die Stirn in die Fäuste. Die Bekannten, die Freunde, alle würden so tun, als wäre nur eben ein kleines Malheur passiert, ihm aufmunternd mit einem „Es wird schon wieder" auf die Schulter klopfen, als hätte er einen Schnupfen. Beim nächsten Nachfragen würde es heißen: „Heutzutage muss man Geduld haben. Fähige Leute wie du werden immer gebraucht", obwohl sie es anders wussten und hinter seinem Rücken bei der Erwähnung seines Alters bedenklich mit dem Kopf wackelten. Er würde Woche um Woche Stellenanzeigen studieren, Bewerbungen schreiben, morgens den Briefträger abpassen und die Rückläufe in Empfang nehmen, sie vor Anne verstecken, fröhlich herumträllern und so tun, als stehe er kurz vor einem Vertragsabschluss. Aber bald würde er den Geruch der Erfolglosen ausströmen, der wie Inkontinenz in den Kleidern haftet, der Freunde und

Bekannte vertrieb. Annes geschiedener Mann fiel ihm ein. Er würde sich vor Schadenfreude die Schenkel wund hämmern.

Es klopfte und gleichzeitig wurde die Türe geöffnet. Frau Eichhorn sah seine Haltung und blieb zwei Sekunden im Türrahmen stehen, ließ ihm Zeit, den Kopf zu heben. Unbekümmert, in einer fast frivolen Art der Anmut kam sie näher. Sie trug etwas, das aussah, als habe ein Modedesigner seine Kündigung provozieren wollen. Ihm gegenüber am Tisch blieb sie stehen. Sie reichte ihm kommentarlos die Unterlagen und ging sofort wieder aus dem Raum. Unaufgefordert hatte sie eine Grafik ausgedruckt: Parallel laufende Linien in freiem Fall. Die Buschtrommeln der Vorzimmer hatten bereits einen guten Job gemacht. Er bildete sich ein, Häme entdeckt zu haben. Schadenfreude über den Misserfolg hoch, zu hoch bezahlter Manager.

Plötzlich zog er eine Schublade an der linken Schreibtischseite auf und entnahm ihr einen Hochglanzprospekt der Konkurrenz, deren Produkte der Renner auf dem Markt waren. Er richtete sich kerzengerade auf. Nein, er wird nicht das Kainsmal der Erfolglosigkeit auf der Stirne tragen. Niemals! Für Geld gab es alles. Auch Erfolgsgeheimnisse der Konkurrenz. Was heißt hier etwas abseits der Legalität? Papperlapapp! Unsere Nachbarn sagen: *„Corrigez la fortune"* dazu! Bisher hatte ich immer nur

Glück im Leben, warum sollte sich daran etwas ändern? Und wenn Fortuna einmal auf ihrer Tour hängen bleibt, so muss man der Dame eben einen kleinen Schubs verpassen und sie ordentlich herum wirbeln, damit sie in der gewünschten Richtung weitergeht! In den Hinterzimmern des Lebens gibt es für alles einen Markt."

Liebe geht durch den Staubwedel

Gerda hatte wunderschöne graublaue Augen. Ebenso eindrucksvoll waren ihre Wimpern. Sie senkten und hoben sich wie ein Theatervorhang. Diese Nummer war dazu angetan, eine ganze Bischofskonferenz mit Zweifeln an der Notwendigkeit des Zölibats zu infizieren. Gerda war meine neue Gefährtin. Sie war auch sonst nicht ohne Pluspunkte. Gleich zu Beginn unserer Beziehung ließ sie so ganz nebenbei fallen, sie erwarte von einem Partner, dass er sich an der Hausarbeit beteilige. Es gibt so viele Hände, die dumm und sinnlos herunterhängen oder auf den Knien liegen, während sie doch Hausarbeit machen könnten, sagte ihr Blick. Diese Forderung musste ernst genommen werden, vor allem, wenn einem bereits eine Ehefrau abhanden gekommen war. Man will bei der Nachfolgerin gut ankommen, man will gefällig sein. Was tut man da nicht alles.

Da so etwas unter Männern besprochen werden muss, suchte ich Rat bei Jan, erprobt in Härtefällen.

„Früher hieß es: die Liebe geht durch den Magen, heute geht sie durch den Staubwedel", sagte er gelassen. „Totale Ablehnung, so was kannst du nicht mehr bringen, wenn du nicht gerade auf Landes- oder Bundesebene mit Regieren beschäftigt bist."

Leider konnte ich mit solch exklusiver Tätigkeit nicht aufwarten. Ich mache in Ökonomie.

„Und irgendwie haben die Frauen ja auch Recht. Nur weil der Allerhöchste bei der Chromosomenverteilung nicht den besten Tag hatte, haben eben wir den Teil abgekriegt, der uns die Privilegien in der Gesellschaft zuschanzt", fuhr er fast ein wenig zerknirscht fort. Das Virus der Arbeitsteilung nagte bereits an ihm.

„Vielleicht war der Herr der Heerscharen aber auch nur ein bisschen müde von der ganzen Welterschaffungsarbeit und hat die Folgen der Verteilung nicht zu Ende gedacht. Ohne seiner Allmacht zu nahe treten zu wollen, die Geschichte mit der Rippe halte ich persönlich schon länger für ein Gerücht, ausgestreut, um männliches Imponiergehabe moralisch abzusichern. Zeig deinen guten Willen, indem du bereitwillig auf alles eingehst, was sie dir vorschlägt, aber stell dich saublöd dabei an." Es war mir unangenehm, Gerda die Chance einzuräumen, mich für einen Trottel zu halten.

Ich überlegte kurz, ob ich ihr mit linkischen Häkelversuchen den Wind aus den Segeln nehmen sollte, weil mir einfiel, wie meine Exfrau fast ausgeflippt war vor Rührung, als sie ihren Neffen einmal dabei überraschte, wie er im Fach „Textiles Werken" seine Hausaufgaben machte und derart mit der Häkelnadel hantierte, dass jeder Fremde ihn für einen Spastiker gehalten hätte. Doch Gerda würde allenfalls die Nummer mit dem Theatervorhang bringen, aber nicht auf solch idiotischen Mumpitz hereinfallen.

Also ließ ich mich fröhlichen Gesichts und schweren Herzens auf die gerechte Teilung der Hausarbeit ein, bestand aber auf einem Schnupperlehrgang, der mit dem Arbeitsgang des Abstaubens begann. Gerda wischte mit einer Andacht über unsere Designermöbel, als befreie sie die Köpfe der Heldenväter auf der Akropolis vom Staub der Jahrhunderte. Und drückte mir dann das Staubtuch in die Hand.

„Ziemlich uneffizient, wie ihr Frauen das macht", entfuhr es mir und lieferte damit Gerda einen Grund, aus ihrer Lehrmeisterinnenrolle auszusteigen. Nach Männerart ging ich die Sache generalstabsmäßig an. Ich kaufte sämtliche Hausgeräte, die Männer für Frauen erfinden, um ihnen die Arbeit zu erleichtern.

„Ist mit deinen Händen irgendwas nicht in Ordnung, weil du so viel Technik kaufst?", war ihr ein wenig spitzer Kommentar. Als Junge durfte ich ungehindert mit „Päng! Päng!" Leute erschrecken und musste nicht in einer Puppenstube Dienst tun, war also jetzt als Mitfünfziger dank meiner Mutter ohne jede fundamentale Vorbildung auf diesem Gebiet. Es kostete mich deshalb keine große Mühe, mich saublöd anzustellen.

Als ich beim ersten Nassputz den Schrubberstiel abbrach, sagte Gerda: „Du machst das schon sehr gut", und gab sich als pädagogisches Naturtalent zu erkennen. „Du musst nur noch etwas lockerer werden. Nicht so viel Kraft investieren. Stell dir einfach vor, du hast statt des Schrubberstiels einen Dirigentenstab in der Hand." Sie sah mich dabei so liebevoll an, dass ich mich nicht anzustrengen brauchte, mir vorzustellen, etwas ganz anderes in der Hand zu haben.

„Vielleicht könntest du auch etwas mehr Wasser nehmen. Der Schmutz soll aufgewischt, nicht verteilt werden." Mit diesem unerotischen Zusatz fegte sie jedoch die ganze Sinnenfreude, die ihr Blick ins Fließen gebracht hatte, in den Putzeimer.

Ich besprach mich erneut mit Jan.

„Versuch es mal mit Geschirrzerschlagen. Das gibt viel her. Aber übertreib es nicht, fang langsam damit an."

Ich ließ beim Abräumen einen Unterteller fallen und tat so zerknirscht, dass mich Gerda mit einer innigen Umarmung trösten musste. Die fiel allerdings aus, als ich eine Servierplatte auf den prall gefüllten Untersatz der Spülmaschine fallen ließ. In sicherer Deckung vor jeglicher Hausarbeit telefonierte ich mit Jan.

„Da musst du jetzt durch, oder willst du bis an das Ende der Zweisamkeit den Hausdeppen machen?"

Ich beteiligte mich also hochstaplerisch weiter an all

dem Tun, obwohl ich zu keinem Zeitpunkt überzeugt war, dass so manches überhaupt getan werden müsse. Wozu Staub wischen, wenn er es sich innerhalb von Tagen ja doch wieder überall gemütlich macht? Oder dem Bettzeug in so kurzem Rhythmus die Überzüge abreißen, wenn sie gerade erst angefangen haben, vertraut zu duften? Und warum ständig die Waschbecken putzen, da sie doch nicht als Salatwaschschüssel benützt werden, sondern unter das System: „Schmutz zu Schmutz" fallen? Meine Psyche zu putzen, statt den Teppich zu saugen, entsprach ganz einfach mehr meinen Neigungen.

Das deutsche Reinheitsgebot zeigte sich von all den Sauberkeitsnormen in unserem Haushalt entzückt. Ich nicht. Zugegeben, etwas fantasielos war die Idee dann doch, den Kehricht unter die Möbel zu verteilen. Das war insoweit ungünstig, als eines Abends eine frische Brise durch die weit geöffneten Fenster stieß, neckisch unter die Bluse von Gerda fuhr und leider auch unter die Möbel und den aufkeimenden zärtlichen Gefühlen eine dicke Staubschicht aufsetzte. Die Sache kostete mich einen Blumenstrauß. Wieder einmal. Auch diesmal gelang es mir nicht, Licht in die komplizierte Psyche von Frauen zu bringen. Selbst wenn die Sträuße den Durchmesser von Leichtmetallfelgen hatten, klang beim Dank unterschwellig die Botschaft durch, dass ihr eine Flasche Champagner lieber gewesen wäre. Irrte die Bibel womöglich, als sie über erste floristische Übungen mit dem Feigenblatt das Rezept weitergab, Frauen mit Blumen ruhig zu stellen?

„Du-bist-dran-mit-Kuchenbacken", war schlecht mit einem „Mir-liegt-absolut-nichts-an-Gebackenem" abzutun, denn ich war bereits als triebhafter Kuchenesser aufgefallen. Ich gab mir alle erdenkliche Mühe. Doch was die Menge der Zutaten betraf, hatte ich mit dem Denken meine liebe Not. Oder war das passiert, was die Genetiker eine spontane Verlustmutation nennen? Die Umrechnung von Milliliter in die landesübliche Flüssigkeitsmengenbezeichnung ging daneben. Die Küchenmaschine gab beim Kneten des Teiges ein Weilchen gequälte Laute von sich, bis sie röchelnd verschied. Gerda machte es ihr nach, doch nur was die gequälten Laute betraf.

Als es fast kein angeklitschtes Geschirr mehr gab, als sämtliche Besen- und Schrubberstiele abgebrochen, bei den technischen Geräten sich die Technik weitgehend verabschiedet hatte, schlug Gerda vor, eine Haushalthilfe zu suchen. Man braucht von Zeit zu Zeit eine kleine spirituelle Komponente. Ich hatte gelesen, es gäbe eine Art nicht nur lust- sondern sogar nutzbringender *Dream-Boys* zu mieten, die im Adamskostüm staubsaugen und all so was machen. Also schlug ich Gerda vor, ich könnte ja mal versuchen, das Gegenstück dazu aufzutreiben, um Lästiges auf einer geselligen Ebene anzugehen.

„Nichts da!", gab sie sich ungewohnt streng und die graublauen Augen blieben ohne Vorhangspiele.

„Eine solide Putzfrau muss her, die Wollmäuse von Marzipanschweinchen unterscheiden kann", und es machte ihr fast gar nichts aus, mit dieser Forderung der Gleichberechtigung quasi eins überzubraten.

Interessant, was sich auf dem Reinigungsmarkt so alles tummelt. Der Großteil der Bewerberinnen hielt viel von der Deutschen Mark und wenig von den Deutschen Steuer- und Sozialversicherungsgesetzen. Ihre geringen Deutschkenntnisse verflüchtigten sich vollständig, wenn man sie nach Lohnsteuerkarte und Sozialversicherungsausweis fragte. Schließlich stellte sich ein Student im dreiunddreißigsten Semester vor.

„Ich schreibe gerade meine Doktorarbeit zum Thema ‚Die Auswirkungen der Erdrotation auf die Rotation des Hausstaubes' und möchte die Theorie mit der Praxis unterlegen", sagte das nicht unschöne Muskelpaket.

„Nichts da!", rief ich, musste aber hilflos mit ansehen, wie Gerda die bereits halb zugedrückte Haustüre wieder aufzog und mit dem Altsemester Vorhangspiele veranstaltete. Auf den ersten Blick war auszumachen, dass er einen Großteil seiner dreiunddreißig Semester im Fitnessstudio statt im Hörsaal verbracht hatte.

„Das ist ja interessant. Wir wären dann so etwas wie der Acker, auf dem Gelehrsamkeit bestellt wird", sagte Gerda und drehte ihre Scheinwerfer voll auf. „Also wirklich, mein Lieber", sie drehte den Kopf andeutungsweise in meine Richtung. „Dieser wissenschaftlichen Herausforderung können wir uns nicht entziehen." Mit dem Lächeln einer Überzeugungstäterin wendete sie sich wieder dem Bewerber zu.

„Top. Sie sind engagiert!"

Ihr funkelnder Blick verriet es. Sie hatte meine Dummdreistigkeit entlarvt. Der promovierende Staubwedler war die Quittung dafür. Saublöd, sowas!

Von Seiten- und anderen Sprüngen

Seine Frau hatte schon immer gewusst, was sie wollte. Jetzt wollte sie die Scheidung. Und die Schürfrechte an seinem Vermögen.

Ist es nicht eindrucksvoll, wenn eine Frau weiß, was sie will, da doch kein Geringerer als Sigmund Freud gestand, dass ihm eines immer unklar geblieben sei: „Was will die Frau eigentlich?"

Er empfand diese Tatsache im Augenblick der Konfrontation etwas weniger eindrucksvoll und stampfte auf diese niederschmetternde Mitteilung hin die Erinnerung an das süße Nichts, das seine Frau bei der Hochzeitszeremonie auf Tuahuta getragen hatte, ein. Die Lianenranke um ihre ineinander geschlungenen Hände ebenfalls. Er ließ nur die glutäugigen Jungfrauen leben, die den Hochzeitstanz zelebriert hatten. Damals. Die glutäugigen Jungfrauen, leider muss es gesagt werden, hatten ihn nie ganz losgelassen. Auf der Suche nach dem ultimativen Glück war er ihren Lockrufen oft und gern erlegen, selbst dann, wenn sich die Glutäugigen als hohläugig und auch an anderen Stellen etwas hohl, herausstellten.

„Ich habe deine olympische Disziplin des Seitenspringens satt", sagte seine Frau und wirkte so entschlossen wie Napoleon, als er sich die Krone der Gallier aufs Haupt stülpte.

Er konnte sie also hinsichtlich seiner Eseleien, die sein Eheleben besprenkelten wie Gänseblümchen eine Wiese, nicht einmal der Unwahrheit zähmen und unterließ es, ihre Vorwürfe als widerwärtige Verdächtigungen und Unterstellungen zu bezeichnen. Ruhig bleiben, sagte er sich. Das Schlimmste wäre, in solch einem Moment die Nerven zu verlieren. Er schaute zuerst etwas betreten zur Seite, dann übte er Gelassenheit.

Für das schwer erfassbare und faszinierende Wesen von Frauen gibt es keine Gebrauchsanweisung. Männer brauchen aber Gebrauchsanweisungen. Nimmt man sie ihnen fort, geraten sie leicht in Panik. Und so baute er sich eine Verteidigung auf, die ein wenig einem Stochern im Nebel glich.

„Liebes", begann er. Er zog das Kosewort ordentlich in die Länge und ließ seine Stimmbänder in einem zuversichtlichen Tremolo vibrieren. Gleichzeitig versuchte er, seinen Blick mit etwas hypnotisierender Erotik, dem ein Touch Schuldbewusstsein beigemischt war, anzureichern. Aber das Kunststück prallte an ihr ab.

Sie stand vor ihm wie eine aztekische Rachegöttin. Trotz oder gerade wegen ihrer Jahre sah sie in diesem Augenblick sehr schön aus. Er versuchte zu retten, was zu retten war und legte die Platte mit dem Ungleichgewicht der männlichen Hormone auf.

„Du machst dir keine Vorstellung vom Ausmaß des Martyriums, von den Gräueln der Versuchung, die ein Mann durchzustehen hat, sobald etwas Verlockendes in sein Blickfeld gerät. Im mörderischen Kampf gegen all die ausgefahrenen Genüsse zu siegen, ist eine schiere Unmöglichkeit. Genau so, als stehe man nach einem Dreißig-Kilometer-Marsch durch die Wüste vor einem Brunnen und darf nicht trinken."

„Ich kann mich nicht erinnern, dass du je einen Dreißig-Kilometer-Marsch gemacht hast, geschweige denn in der Wüste. Ich bin sicher, du holst selbst die Kondome für deine Abenteuer im *Drive-in*", sagte sie kalt.

Problemen gegenüber neigen Frauen zu einem gewissen Radikalismus. Er versuchte es weiter: „Du solltest wirklich mehr Verständnis zeigen. Selbst Odysseus, der auf seiner Heimfahrt sieben Jahre bei der Nymphe Kalypso Station machte, wurde von seiner Gemahlin Penelope gnädig wieder aufgenommen."

Sie machte eine abfällige Handbewegung. Die Geschichte interessierte sie nicht. Sie war in diesem Moment unempfindlich gegenüber den Größen der Vergangenheit. Er war darüber sogar ein klein wenig erleichtert. Denn was hätte er getan, hätte sie wie Penelope verlangt, er müsse als Beweis seiner Tauglichkeit den Bogen spannen. Bei seiner einseitigen sportlichen Betätigung des Seitenspringens wäre sein Versagen vorprogrammiert gewesen. Die Sache nahm also ihren üblichen Verlauf. Es begann ein Krieg, bei dem die Genfer Konvention auf der Ersatzbank blieb.

Wer Schürfrechte zu vergeben hat, der zieht in der Regel eine Bugwelle pfiffiger Anwälte hinter sich her. Während die eheliche Vernichtungsschlacht in vollem Gange war, stöberte die juristische Bugwelle in der Requisitenkammer der Paragraphen nach einem gefälligen Kostümchen für die Abschmetterung der Forderung.

Dumm nur, dass der Herr der Schürfrechte in dieser Zeit oft Besuch bekam. Erinnerungsfetzen aus fünfundzwanzig gemeinsam verbrachten Jahren schauten immer mal wieder vorbei und machten es sich bequem.

Von einem gewissen Alter an wird die Zeit knapp. Und das Haar schütter. Und die Altersweisheit stellt sich ein. Man betreibt dann das, was in den Gelehrtenstuben als Philosophieren bezeichnet wird. Eine Etage tiefer sagt man Nachdenken dazu. In diesem Stadium der Nachreife befand er sich, als ihm die Anwälte das Ergebnis ihrer Recherche präsentierten.

Er las das vorgelegte Schriftstück und schüttelte ungläubig den Kopf, studierte dann eingehender das bewegende Dokument. Hernach brach sich der Wahnwitz Bahn. Er begann zu lachen. Er lachte, lachte, schlug sich auf die Schenkel, bis die Handflächen den Feuerbrand bekamen und das Personal sich zu ängstigen begann. Zur Beruhigung trank er einen Cognac und spülte ihn mit einem zweiten hinunter.

Nach kurzem Nachdenken rief er im Ton des geborenen Wirtschaftsführers, wenn auch leicht alkoholisiert, seiner Sekretärin zu: „Sagen Sie für heute Nachmittag alle Termine ab", und machte sich auf den Weg in die City. Dort steuerte er ein bestimmtes Geschäft an.

Zu Hause angekommen, ließ er den Wagen in der Einfahrt stehen und ging rasch ins Haus.

„Liebes?", rief er. Es kam keine Antwort. Beunruhigt sah er sich um und atmete auf, als er ihren Mantel in der Garderobe entdeckte. Sie selbst fand er im Wohnzimmer. Sie stand am Fenster und blickte in den Garten, den die fortgeschrittene Dämmerung in ein verschwommenes Licht getaucht hatte. Büsche und Stauden sahen aus wie bedrohliche Ungeheuer, die zum Sprung ansetzen. „Liebes", sagte er von plötzlicher Unsicherheit befallen. Seine Stimme hatte weder Längen noch Tremolo. Seine Frau drehte sich zögernd um. Die aztekische Rachegöttin schien Urlaub bekommen zu haben. Das machte ihm Mut. Er stellte sich dicht vor sie hin und holte zwei Mal tief Luft.

„Möchtest du mich heiraten?", fragte er und machte ein Gesicht, als hätte er sich mit Beten und Fasten auf diesen Auftritt vorbereitet. Langsam holte er seine Hände hinter dem Rücken hervor und hielt den Inhalt der Fassungslosen hin. Verteilt auf mehrere Schmuckstücke lag so ungefähr die Tagesausbeute einer mittleren Diamantenmine auf seinen Handflächen. Er lächelte unsicher.

„Es ist nämlich so. Die Anwälte haben herausgefunden, dass Eheschließungen auf Tuahuta in unseren zivilisierten Breiten keine Gültigkeit haben."

Religiöser Wahn

Die Luft bot sich seidig und klar dar, als hätte sie nie etwas von Luftverschmutzung gehört. Sie fuhr kosend zwischen die vollbesetzten Tische vor dem Café am Domplatz und spielte neckisch mit den blonden Locken einer Lady, die nicht mehr ganz jung war, aber so aussah, als wäre sie es gerne. Die aufmüpfige Luft wühlte ein wenig in den Strähnen und suchte den Ansatz, um die Farbechtheit gründlich widerlegen zu können. Die Herrin der sorgsam zerzausten Frisur, sie hieß Vicky, stoppte den Test. Sie zupfte mit mehrfach beringten Fingern an dem mehr oder weniger colorierten Kunstwerk herum, und trieb auf diese Weise den prüfenden Lufthauch der Tischnachbarin zu. Dort hatte er es einfacher. Der grau gesprenkelte Pagenkopf ließ wenig Raum für Echtheitsspekulationen.

Unter dem Tisch trippelte eine Taube neugierig auf Vickys leuchtend rot lackierte Zehennägel zu, blieb aber in gebührendem Abstand davor stehen, den Taubenkopf schräg zur Seite gelegt. Nach einer Zeit der Irritation tippelte sie weiter zu ein paar Krümeln, mit denen sie sich intensiver beschäftigte.

Vicky nahm einen Schluck aus der Kaffeetasse und schaute ein Weilchen sinnend auf den roten Lippenabdruck, den ihr Mund am Tassenrand hinterlassen hatte, als wäre er das Orakel von Delphi. Von da ging ihr Blick weiter auf den dritten leeren Stuhl am Tisch.

„Wollte nicht Gabriela heute auch kommen?", fragte sie und schaute die Freundin an.

„Doch. Ich glaube schon, zumindest hat sie nicht abgesagt", antwortete Sybille.

Vicky schaute sich unauffällig nach allen Seiten um, als hätte sie einen kleinen Ladendiebstahl im Sinn, stützte dann die Oberarme auf den Tisch und beugte sich vor. Mit gedrosselter Stimme presste sie hervor: „Ich weiß nicht, ob ich es dir sagen soll", und es klang, als käme Nachricht aus der Gauck-Behörde. „Ich habe Gabriela schon zweimal in Begleitung eines jungen Mannes gesehen." Sie machte eine kleine, vielsagende Pause. „Eines sehr jungen Mannes. Er war kaum dreißig."

Die Wirkung solch sensationeller Mitteilung auf Sybille entsprach jedoch ganz und gar nicht ihren Vorstellungen, denn diese erwiderte völlig trocken:

„Und? Ist es verboten, sich mit jungen Männern zu zeigen? Gabriela sieht für eine Endfünfzigerin wirklich noch sehr gut aus."

„Das stimmt. Man schätzt sie allerhöchstens auf Fünfundfünfzigeinhalb", gab Vicky in schwesterlicher Gehässigkeit zurück. „Seltsam war nur, der begleitende Strahlemann trug oben herum so etwas wie eine klerikale Klamotte."

„Meinst du einen schwarzweißen Priesterkragen?"

„Ich kenne mich in diesen Etagen nicht so gut aus. Aber es könnte etwas in der Art gewesen sein."

Sie schwiegen beide eine ziemliche Weile und sahen den Tauben zu, die frech und aufdringlich den Platz belagerten.

„Dabei ist ihr Mann ja nun wirklich kein Ekelpaket", nahm Vicky den Faden wieder auf.

„Kennst du ihn genauer? Warst du mit ihm im Urlaub oder hast du mit ihm zusammengearbeitet? Bist du mit ihm in eine Katastrophe geraten? – Erst da lernt man Leute kennen."

„Nein, das nicht, aber er sieht sehr gut aus."

„Nicht jeder Augenschmeichler ist auch ein Seelenschmeichler."

„Das ist ja jetzt auch egal. Es kann ja auch durchaus sein, dass sie einfach mal etwas ausprobieren will. Aber warum muss es so ein junger sein?"

„Besitzen nur Männer das Privileg, sich eine weit jüngere Partnerin zu suchen, oder was?"

„Männer sind von Natur aus so angelegt, weil eine junge Partnerin Gewähr bietet für ein gut funktionierendes Brutgeschäft, ohne das sich die so genannte Krönung der Schöpfung nun mal nicht verewigen könnte."

„Ja klar, so eine Weisheit ist immer gut für eine Rechtfertigung von Eskapaden. Wenn es je so etwas in der Art mal gegeben hat, so ist das inzwischen sinnloses Überbleibsel der Evolution wie der Wurmfortsatz. Total unnötig das Ding, aber im ungeeignetsten Augenblick macht es Schwierigkeiten."

Es entstand wieder eine Pause. Die vorwitzige Taube unter dem Tisch war erneut zur Betrachtung des roten Zehennagels näher getreten. Sie hatte sogar Gesellschaft mitgebracht. „Nicht, dass ich ihr den Jungbrunnen neide", sagte Vicky und lachte ein wenig zu schrill. Sie rückte ihre Füße zurecht, was den Taubenauflauf zu einem trägen Ausfallschritt veranlasste.

„Aber Probleme mag es bei solch krassem Altersunterschied ja schon geben. Ich möchte gar nicht daran denken, wie anstrengend es sein muss, dauernd den Bauch einzuziehen."

„Na, hör mal. Es muss ja nicht gleich eine Bettgeschichte sein. Schließlich gibt es ja auch noch so etwas wie eine geistige Ebene, auf der man sich treffen kann."

Diesen Einwurf hielt Vicky für einen geistigen Druckfehler, und das brachte sie zurück auf die Geistlichkeit.

„Aber wie ein Priester sah er eigentlich nicht aus. Jedenfalls nicht so, wie die Truppe, die ich seither zu sehen bekommen habe. Dieser glich mit seinem wirren Haarschopf eher einem Werbeträger für eine Zigarettenmarke oder für Telekommunikation."

„Möglicherweise sucht die Kirche nach einem neuen Outfit für ihren Nachwuchs, damit er nicht erst Ministrantinnen vernaschen muss, um aufzufallen. Vielleicht will sie die Frohe Botschaft unter das ungläubige Gottesvolk bringen, dass Priester auch bei Autopannen nicht hilflos sind und Beachvolleyball spielen können."

„Wenn es schon ein junger Mann sein muss, warum dann aber auch gleich einer von der himmlischen Fakultät. Das wird seinem Bischof aber gar nicht gefallen. Bei Gabriela muss es wirklich immer das Ausgefallene sein."

„Na ja. Sie hatte seit jeher einen außergewöhnlichen Geschmack. Erinnerst du dich noch an die Geschichte mit ihrem Pferd?"

„Du meinst, weil sie es Genesis getauft hat?"

„Erstens, und zweitens hat es ihren Erzählungen nach so etwas wie das zweite Pferdegesicht."

„Bist du sicher, dass du da nichts falsch verstanden hast?"

„Na ja, ziemlich sicher."

„Vielleicht ist die Geschichte mit dem Gottesmann ja auch ganz harmlos und sie sucht einfach nur seelsorgerischen Beistand. Vielleicht hat sie Träume von einer künftigen kleinen Quarantäne im Fegefeuer oder sogar vom gehörnten Pferdefuß, wie er ihr aus dem Flammenmeer

zuwinkt, mit Hintergrundgeräuschen von Wehklagen und Geheul. Oder der Geruch angebrannten Horns, den sie vom Beschlagen ihres Rosses kennt, streicht ihr nachts um die Nase. Aus Angst vor dem höllischen Inferno ist schon manch einer fromm geworden, besonders wenn er dem Totenhemd unaufhaltsam näher rückt."

„Das wäre dann ja eher ein Fall für den Therapeuten."

„Aber den seelsorgenden Bubi gibt es zum Caritastarif."

„Ach, Blödsinn, sicher ist alles ganz harmlos ..."

„Oder glaubst du, es ist beginnender religiöser Wahn? Sie erzählt zwar wenig von sich, aber es ist bekannt, dass sie bis zu diesem Ausrutscher hier ein Leben von ausschweifender Sittenstrenge geführt hat ... Oh, sieh mal, wer da auftaucht", flüsterte die Blondierte plötzlich, und die Farbe wich ihr aus dem Gesicht, „Gabriela mit ihrem Chorknaben. Sie kommen direkt auf uns zu. Ich weiß gar nicht, wie ich mich benehmen soll. Muss ich zur Begrüßung ‚Gelobt sei Jesus Christus', sagen?"

„Quatsch, sag einfach ‚Grüß Gott', das muss er ja von Amts wegen verstehen."

Gabriela kam freudestrahlend näher. Sie zog den jungen Hochwürden am Ellbogen herbei. Er trug Jeans, Turnschuhe und ein T-Shirt mit einem dezenten Designeremblem.

„Darf ich euch meinen Sohn vorstellen?", sagte sie in die fallenden Kinnladen ihrer Freundinnen hinein.

„Ich wusste gar nicht ...", stotterte Vicky. Ihr Gesichtsausdruck kam in diesem Augenblick den Armen im Geiste sehr nahe.

„Ich habe euch ja auch nie erzählt, dass ich einen Sohn aus erster Ehe habe. Ich war sauer auf ihn, weil er nach der Scheidung zu seinem Vater ging, und blieb dann sauer, weil er sich für einen Beruf entschied, mit dem ich nicht einverstanden war. Aber jetzt hat er sein Studium in Rom beendet, und wir haben uns ausgesöhnt." Sie stupste ihren Sohn liebevoll am Ellbogen. „Und du kannst jetzt gehen, Jan, du brauchst nicht drei alten Frauen Gesellschaft zu leisten. Verstehst du überhaupt etwas von den Schwierigkeiten des Altwerdens, insbesondere bei Frauen?"

„Vielleicht wäre das hier eine Gelegenheit, ein kleines Einführungsseminar zu bekommen", sagte er und zeigte sein weißes Gebiss mit den regelmäßigen Zähnen.

„Im Gegenzug bekommen wir dann eine kleine Nachhilfe in Katechismusunterricht, das wäre gar nicht schlecht", konterte Vicky und strahlte zurück.

Sybille wunderte sich, aus welchen Tiefen sie plötzlich dieses spezifisch katholische Wort hervorkramte. Gabriela schickte ihren Sohn freundlich, aber bestimmt weg, bevor Vicky Anstalten machen konnte, ganz zum katholischen Glauben überzutreten. Als er sich verabschiedet hatte, sagte sie zu ihren Freundinnen: „Ihr habt über mich gesprochen, bevor ich kam. Gebt es zu. Ihr hattet noch ein richtig schlechtes Gewissen im Gesicht. Der üble Geruch der Verleumdung schlug mir meilenweit entgegen. Da zeigt es sich wieder einmal: Das Innere des menschlichen Herzens ist zum Bösen geneigt, von Jugend an. Genesis 8,20."

„Genesis? Warum Genesis? Hat dir denn dein Gaul diese Botschaft zukommen lassen?"

Vier Freundinnen, gut aussehend, kultiviert ...

Nicht das Internationale Jahr der Senioren war der Auslöser. Vielmehr hatten sie seit endlos langer Zeit davon gesprochen, einmal ein paar Tage miteinander zu verreisen. Einmal Muße zu haben, frei zu sein von Verpflichtungen, von Zeitdruck und Terminen, sich langsam treiben zu lassen: mit Plaudern, Besichtigungen, Wandern und Essen die Tage zu verbringen.

Nun war es bei allen soweit: die Kinder aus dem Haus, die Enkel nicht dauerhaft stationiert, Hypotheken abbezahlt und die Ehemänner der täglichen Fürsorge soweit entwöhnt, dass für sie keine Gefahr bestand, den Hungertod sterben zu müssen.

Doch eine Sache hätte die Unternehmung fast zum Scheitern gebracht. Ingrids Ehemann stellte sich quer. „Eine Ehefrau gehört an die Seite ihres Mannes!" Basta! Das „Basta" hatte er zwar nicht ausgesprochen, aber sie hörten es aus Ingrids Stimme heraus, als sie seine Statements weitergab.

Was die Freundinnen noch mehr beunruhigte, war Ingrids Unterton, der signalisierte: „Nun ja, irgendwie hat Hans Erich ja Recht." Es hörte sich beängstigend nach eingerostetem Tandem an.

„Da sei der Heilige Antonius vor, der nicht nur zuständig für verloren gegangene Gegenstände sondern auch Schutzpatron der Eheleute ist", sagte Regina. „Aneinanderzukleben wie die ‚ss' im ‚ß' hieße ja, mit der Liebe Schindluder zu treiben. Wir müssen ihr beistehen. Das sind wir unserem langjährigen Schutz- und Trutzbündnis schuldig. Nach den Gesetzen des real existierenden Ehealltags sind die Beiden sowieso bei der Sachlage ‚Schweigen der Lämmer' angekommen."

„Belämmertes Schweigen trifft die Schose wohl besser", resümierte Gerlinde. „Wir altgedienten Ehefrauen sind da ohnehin ziemlich langmütig. Unsere Kinder machen kurzen Prozess: Sprudelt der Gesprächsstoff nicht mehr wie eine venezuelische Ölquelle, wird der Partner gewechselt", fügte Friederike hinzu und rückte ihr Seidentuch in eine gefälligere Position.

Soweit wollten die Freundinnen in diesem konkreten Fall nicht gehen, begannen aber doch eine Diskussion über die Widerstandsfähigkeit ihrer Ehen. In einer Zeit, in der jeder dritte Bund fürs Leben geschieden wird, sind langwährende Verbindungen so häufig wie sechs Richtige im Lotto. Sie gratulierten ihren Männern daher zu ihren handlichen Ehefrauen, die eine derart lange Zweisamkeit ermöglichten und waren übereinstimmend der Meinung, dass ihre Partner diesen Umstand würdigen und ruhig von Zeit zu Zeit aus ihrem Tresor der Artigkeiten ein kleines Kompliment herausholen sollten.

„Wir sind einfach nicht sperrig genug!", empörte sich Friederike und zupfte weiter an ihrem Tuch. Die Freundinnen zollten ihr Respekt für den Freisinn, mit dem sie die Unebenheiten jahrzehntelanger Ehejahre in einem Satz bündelte.

In heiterster Laune schmiedeten sie dann Pläne für die Untertunnelung des Widerstandes von Hans Erich. Nicht dass sie anfingen Ingrids verlorene Seele zu beklagen – nein –, aber ein paar Denkanstöße zur fehlenden Sperrigkeit konnten nicht schaden.

„Findest du es nicht auch an der Zeit, deinen fürsorglichen Würgegriff etwas zu lockern? Oder glaubst du, dein Mann verlässt morgens mit einer blauen und einer grauen Socke das Haus, wenn du nicht die Oberaufsicht führst?"

Sie gerieten darüber in einen weitläufigen Disput, worin jede Recht behielt.

Als sie Ingrid so weit hatten, ihrem Mann ihre Fürsorge für ein paar Tage zu entziehen, war Hans Erich an der Reihe. Sie einigten sich, ihn dort zu packen, wo er nur unter gewaltigem Gesichtsverlust seinen Standpunkt hätte wahren können, an der Ehre Bacchus'. Denn was das Thema Wein betraf, war er unschlagbar. Er kannte alle großen Lagen und Jahrgänge, konnte beim ersten Schluck einen Barrique-Ausbau heraus schmecken und roch aus einem halben Meter Abstand, wenn ein Wein Korken hatte. Am meisten jedoch beeindruckte er Laien mit der Kenntnis, welcher Wein zu welcher Jahreszeit unter freiem Himmel genossen werden konnte und brachte sie in Verlegenheit, wenn er beim Genuss eines edlen Tropfens erklärte, dass Menschen, die Liebfrauenmilch tränken, die sittliche Reife abzuerkennen sei.

Friederike wedelte ihm mit dem „Kleinen Johnson" vor der Nase herum: „Möchtest du wirklich, dass wir uns jeden Abend mit dem unwürdigsten Fusel abfüllen, nur weil Ingrid, die sich in diesem Buch dank deiner hervorragenden praktischen und theoretischen Anleitungen bestens auskennt, uns nicht beraten kann?"

Dem konnte er nichts entgegensetzen. Nach einer bacchantischen Kontemplation gab er nach. Sie wählten für ihr Unternehmen das Elbsandsteingebirge. Gerlinde bot an, ihren Wagen und ihre Fahrkünste zur Verfügung zu stellen.

„Dreh das Radio aus, wir reden selber", sagte Friederike aufgekratzt, nachdem sie es sich im Wageninnern bequem gemacht hatten. Und alsbald entwickelte sich eine Plauderei, die, wie könnte es auch anders sein, bei den erwachsenen Kindern begann.

„Am meisten beeindruckt mich an den heutigen jungen Frauen, dass sie sich ihre Lover selbst an Land ziehen und nicht wie wir damals warten, bis sich einer gnädig herablässt, weibliche Reize zur Kenntnis zu nehmen", begann Regina, die zwei Töchter hatte und immer mal wieder Erstaunliches von ihnen berichtete. „Gewöhnung ist das Sterbebett jeglicher Romantik", sagte neulich meine Jüngste und servierte ihren Gefährten ab. „Ich vermute, es war der Zeitpunkt, als seine Anbetung insgeheim aufgehört hatte", fuhr sie fort.

„Und dein Sohn? Ist das immer noch dieselbe Freundin, mit der er zusammen lebt?", wollte Ingrid von Friederike wissen.

„Ja, aber heiraten kommt nicht in Frage. Das Gefangensein in ehevertraglichen Regelungen und stumpfer Routine lehnen sie ab. Kein Gefängnis sei so mörderisch wie die Ehe, sagen sie und schwatzen freimütig von den Dingen der Liebe, vornehmlich von allem, was wir schon immer nicht wissen wollten."

Gerade als Friederike ansetzte, ausführlich auf die komplizierten Verwandschaftsverhältnisse einzugehen, die in der Familie ihres Sohnes herrschten, die nach dem Gesetz keine Familie war, rief Ingrid beim Auftauchen eines Rasthofschildes: „Ich muss mal!", und Gerlinde setzte sofort den Blinker. Sie kannte als Beifahrerin die Pein eines stets zunehmenden Bedürfnisses bei immer mehr vorbei rasenden WC-Schildern, die der Fahrer in der Ekstase des Fahrens geflissentlich übersieht.

„Hast du deinen Schlitten tiefer legen lassen?", rief Ingrid beim Aussteigen ins Wageninnere. Die flüchtig hingeworfene Frage versetzte Gerlinde in Panik. Hastig stieg sie aus. Sie hatte tatsächlich vergessen, den Reifendruck angleichen zu lassen, wie er für vier Insassinnen notwendig war, die nicht nur an Jahren und Weisheit zugenommen hatten. Sie schnappte sich das Pressluftgerät und experimentierte damit herum. Der malträtierte Reifen fiel zusammen wie ein beleidigter Hefeteig. Verstört schaute sie sich um. Friederike und Regina waren inzwischen ebenfalls heraus geklettert und assistierten Gerlindes Verstörtheit.

Die Demonstration weiblichen Technikverstandes war bereits auf große Aufmerksamkeit gestoßen. Ein vierschrötiger LKW-Fahrer mit enormem Leibesumfang begleitete von seinem Hochsitz aus die Bemühungen um die Luftzufuhr mit anerkennenden Pfiffen.

Der Tankstellen-Shop bot zwar alles rund um den Mann: Herbe Orangenmarmelade und Kondome, den Playboy und deftig belegte Stullen, Jokey-Unterwäsche und Aspirin. Nur eines bot er nicht: den Mann als solchen. Weder im Service noch als Kavalier. Ingrid kam sichtlich entspannt zurück und sah ihre Freundinnen herum stehen wie geschasste Konzernbosse nach einer feindlichen Übernahme. Ihre ratlosen Gesichter und der schlaffe Reifen bedurften keiner erklärenden Worte.

„Macht ihr jetzt auf hilflos, oder was?" Sie ergriff das Luftdruckmessgerät, setzte es an und mit einem satten

„Zzzzzt" sogen sich die Reifen nacheinander voll. Unter heftigem Beifallgemurmel der Zuschauerinnen.

„Mensch, Ingrid, wieso kannst du das denn, du hast doch nicht einmal einen Führerschein", fragten sie mit einem erstaunlichen Mangel an Zurückhaltung.

„Na und? Schließlich braucht man ja auch keinen Jagdschein, um auf Spinnenjagd zu gehen."

In einem gemütlichen Landgasthof bezogen sie Quartier. Zwei Doppelzimmer.

„Es stört mich nicht, wenn Unordnung das ist, was euer persönliches Wohlfühlen ausmacht. Ich habe laufend Gelegenheit, mich in Toleranz zu üben. Wenn ich meine Tochter besuche, dann schaffe ich mir im Badezimmer ein kleines freies Fleckchen für meine Toilettentasche und beachte das Happening im restlichen Appartement mit hohem Kunstverstand", sagte Friederike zu ihren Freundinnen. Daraufhin gesellte sich ihr Regina in dem etwas plüschig eingerichteten Zimmer zu. Im diffusen Licht des Kellergewölbes im Untergeschoss ihrer Herberge huldigten sie am Abend Bacchus in einer Weise, die dem Herbergsvater Respekt abnötigte. Ingrid war in der Rolle einer Sommeliere beeindruckend. Sie schlug die Weinkarte auf, studierte sie ein Weilchen und legte dann los:

„Wir fangen mit einem leichten Weißen an. Dann einen Rosé – dreizehn Grad Alkohol, ein richtiger Wein. Dieser Rote da ...", und ihr Zeigefinger stieß auf die Karte ein, „... ist fast zu frisch. Im Gegensatz zu uns würde der noch ein paar Jahre Lagerung vertragen." Mit einer verblüffenden Selbstverständlichkeit befolgte sie auch gleich das einfache Rezept, den Freundinnen die Last der Menüauswahl abzunehmen.

Wangen und Gemüter erhitzten sich, die Diskussion ebenfalls. Die Gesprächsfetzen sprangen um den Tisch wie Knallfrösche und missachteten alle hehren Regeln einer logischen Diskussion.
„Erinnert ihr euch noch an den Kuppelparagraphen? Mit welcher Angst wir Kammern und Betten öffneten? Den Kabinenroller, als Lokalität empfängnisverhütender Verrenkungen schließlich vorzogen ...?"
„Und unsere Brut zieht einfach so zusammen."
„Raushalten! Raushalten und schlucken", riet Ingrid und nahm einen kräftigen Schluck.
„Der Makel eines ledigen Kindes wurde nur noch von dem einer Kindsmörderin übertroffen. Volksschriftsteller wie Anzengruber, Ganghofer und Courths-Mahler bestritten ihren Lebensunterhalt mit dem Thema eines ‚Schandflecks'. Und heute?"
„Ja, heute, da hält der Staat schützend seine Hand über Alleinerziehende. Das räumt den jungen Frauen die Chance ein, eher den Erzeuger als das Kind abzutreiben."
Das war für die Runde eine passende Gelegenheit, sich zuzuprosten. „Ist das der Schatz der Pharaonen,

den du da umgehängt hast?", fragte Friederike aus heiterem Himmel und lenkte die Blicke der anderen auf Gerlinde.

„Du bist ja sowas von zugehängt mit Klunker", stänkerte sie weiter und betrachtete mit zusammengekniffenen Brauen die Goldohrgehänge mit Rubinen, die kiloschwere Goldhalskette, die passende Armkette, die hochpreisige Uhr und die zwei protzigen Diamantringe. Gerlinde nahm es gelassen.

„Hat mir alles mein Mann geschenkt, wahrscheinlich um sein schlechtes Gewissen zu beruhigen", sagte sie betrübt, und Regina, die nach ein paar Gläsern gern philosophisch wurde, antwortete mit einem Seufzer: „Jaja, die Beziehungen zu Männern sind, wie sie sind, nicht wirklich befriedigend."

„Man braucht eine wasserdichte Erklärung für alles, was man allein tut. Verlässt man abends mal das traute Beisammensein vor dem Fernseher, um sich einen Apfel aus dem Keller zu holen, muss man das Wohin ankündigen, sonst kommt man sofort in den Ruf, immer eigenmächtig Entscheidungen zu treffen, ohne die Dinge vorher zu diskutieren."

„Richtig, es heißt dann sofort: Ich könnte im Sterben liegen, und du gehst einfach weg und würdest es nicht einmal merken. Jedem x-beliebigem Fremden bringst du mehr Offenheit entgegen als mir."

„Und telefoniert man mal, während sich der Angetraute zufällig im Nebenraum aufhält, kommt er sofort unter irgendeinem fadenscheinigen Vorwand näher, um mitzuhören. Verpasst er diese Gelegenheit, wird ungeniert gefragt, mit wem man gesprochen habe, da es doch in einer gut funktionierenden Ehe keine Geheimnisse gäbe."

Sie lachten so laut, dass an den Nebentischen der Verdacht aufkommen musste, sie erzählten sich schweinische Witze.

Das Lachen noch im Gesicht, legte Gerlinde plötzlich ihre Unterarme auf den Tisch, den immer mehr leere Flaschen zierten. Ihr Kopf sank auf die Arme und schluchzend stieß sie hervor: „Mich stellt er ruhig mit Klunker, und seine junge, blonde Mitarbeiterin mit üppiger Oberweite lässt er an seinem beruflichen Alltag und seiner Potenz teilhaben. Ich werde nur noch gegen Hausarbeit geduldet."

Von allen Seiten kamen tröstende Worte und Umarmungen; schließlich kämpferische Parolen: „Wie lange willst du dir diesen ehelichen Samtpfotenterror noch gefallen lassen? Jag ihn doch zum Teufel. Befrei dich von ihm und dem Selbstvorwurf, eine feige Memme zu sein. Lieber alles eine Nummer kleiner, aber frei durchatmen können."

„Zum Teufel mit seiner monetären und sonstigen Potenz!", sprudelte es aus Ingrid heraus, und sie hoben erneut die Gläser.

„Du liegst damit voll im Kurs. Der Trend geht eindeutig zur Zweitehe. Schau dir doch unsere Kinder mal an.

Bei jedem Besuch fragst du dich, ob du noch die dir bekannten Partner antriffst. Warum sollen wir von der Jugend nicht auch mal was lernen?", gab Friederike zu bedenken und tätschelte der Unglücklichen den Unterarm.

„Na ja. Die geben sich zwar unheimlich cool, aber wenn eine Beziehung auseinander geht, machen sie genauso auf Weltuntergang, wie wir es damals taten, obwohl sie statt Liebesbriefe E-Mails senden, während unsere Mütter ihre Liebesschwüre noch bei einer Petroleumfunzel schrieben", warf Regina ein.

Gerlinde hatte sich wieder aufgerichtet. Sie wischte sich die Augen und verteilte die aufgelöste Wimperntusche über ihre Wangen. Der Zweikaräter am rechten Mittelfinger sprühte Funken. Ihre Augen ebenfalls.

„Kennt jemand den Unterschied zwischen Wein- und Männerprobe? Nicht? Bei einer Weinprobe wird der Wein nach der Verkostung ausgespuckt."

Der Morgen danach war so freundlich, sie nicht mit grellem Licht zu empfangen. Leichte Schleierwolken vertrieben sich am Horizont die Zeit, mit der Sonne „Blinde Kuh" zu spielen.

„Klinisch betrachtet eignen wir uns im Augenblick nicht für eine Blutspendeaktion", hauchte Gerlinde. Sie wendete angeekelt ihren Blick vom Frühstücksbüfett ab. Ingrid verwandelte sich von der Sommeliere zur Sanitäterin und hatte sofort das passende Rezept:

„Ein schwerer Kopf muss gelüftet werden wie ein guter Rotwein", verkündete sie und bedachte ihre Freundinnen mit einem Blick, als wäre sie bei Florence Nightingale in die Lehre gegangen. Sie schlug als Kontrastprogramm eine Wanderung auf den Wildenstein vor. Die restalkoholgeschwängerten Freundinnen setzten ihrer Verordnung keinen nennenswerten Widerstand entgegen. Unter mancherlei Wehlauten studierten sie die Wanderkarte. Friederikes Zeigefinger hieb auf das anvisierte Ziel ein:

„Was, nur 336 Meter über dem Meeresspiegel? Das ist für einen Bergsteiger nicht übertrieben aufragend. Die Höhe bekommt aber sofort eine andere Bedeutung, wenn ich sie daran messe, wie hoch sich die aufeinandergelegten Herrenhemden stapeln, die ich in dreißig Ehejahren gebügelt habe. Auch wenn die Formeln von Euklid und Pythagoras an mir wirkungslos abgeprallt sind, kann ich doch die ungefähre Zahl von Elftausend errechnen", und sie setzte sich noch einen Schuss Koffein.

Regina stand bereits wartend am Wagen, als die anderen so nach und nach eintröpfelten. Sie trug schwere Bergstiefel, Kniebundhosen, ein beigegrau kariertes Flanellhemd und Ohrenschützer, die aber auch ein Schweißband sein konnten. Sie machte den Eindruck, als wolle sie den Nanga Parbat bezwingen.

„Du hast die Gletscherbrille vergessen, der Elbsandstein kann ganz gefährliche Sonnenstrahlen reflektieren", sagte Friederike, die sie ein Weilchen versonnen gemustert hatte.

Gerlinde deutete auf den monströsen Rucksack, der für eine einwöchige Hüttentour angelegt schien.

„Was hast du denn da alles drin?"

„Was man eben als verantwortungsvoller Wanderer so braucht: Regenschutz, Verbandszeug, Wäsche zum Wechseln, Energiebissen, Isoliermatte, was zum Trinken." Sie ging leicht in die Knie, als sie sich das Ungetüm schulterte.

„Und du? Willst du einen Stadtbummel machen? Du hast dich ja bis zum Gehtnichtmehr aufgetakelt", schlug sie zurück und musterte Gerlinde mit unverhohlenem Interesse. Sie war in rauchgrauen Shorts mit silberfarbenem Flechtgürtel, weißem T-Shirt, alles aus dem selben Stall, angetreten. Die Füße steckten ebenfalls in einer Nobelmarke. Reginas Blick blieb skeptisch auf den edlen Gehwerkzeugen hängen.

„Meine Schuhe sind extrem lauffreundlich. Außerdem hat der Wetterbericht ein Hoch vorhergesagt", antwortete Gerlinde mit einem Blick in den blitzblanken Himmel.

„Na, hoffentlich hält sich das Hoch an die Worte des Meteorologen", gab sich Regina skeptisch.

Gerlinde führte als echte Attraktion die Wandergruppe an. Nach dreißig Minuten ließ sie sich zurückfallen und zeigte autistische Züge. Nach weiteren fünf Minuten begann sie zu hinken. Mit erstaunlicher Präzision diagnostizierte Regina Blasen. Sie öffnete ihren Rucksack und half die Füße zu verpflastern. Gerlindes extrem lauffreundliche Halbschuhe verschafften der kleinen Wandergruppe in halbstündigem Rhythmus eine Verschnaufpause, während der die Beschwerdefreien interessiert zusahen, wie Gerlindes Füße in immer neuen Heftpflastern verschwanden. Bei einer dieser Zwischenstationen bekam Friederike beim Anblick abgewetzter Haut einen träumerischen Blick. Für die anderen total zusammenhanglos wendete sie sich mit sanfter Stimme an die Leidende:

„Es geht das Gerücht, dass du dich an einer vordergründig uneinsehbaren Stelle hast piercen lassen, weil dir dein Horoskop geraten hat, tatkräftig gegen seelische Verstimmungen vorzugehen."

Sie quiekten wie die Sparschweinchen am Weltspartag, bis Ingrid einwarf: „Hört auf so zu reden, als hätten wir schon alles hinter uns. Manchmal kommt es mir vor, als finge ich gerade erst an, das Leben zu genießen."

„Hoppla! Was für ein aufschlussreiches Bekenntnis, und auch noch im Singular. Lass das mal ja nicht deinen Hans Erich hören. Das brächte vermutlich ordentlich Bewegung in euer ruhig dahin plätscherndes Eheleben."

Das Thema der geschmückten Körperteile sorgte bis zur nächsten Blase für Gesprächsstoff. Sie stellten sich vor, was passiert wäre, hätten sie in ihrer Jugend so etwas gewagt. „Man wäre ganz eindeutig einer gewissen Berufsgruppe zugeordnet worden."

„Was war das doch für eine muffige Doppelmoral, die den Ton angab."

„Erzählt man den Kindern etwas aus der Zeit, die ja gerade erst ein paar Jahrzehnte zurückliegt, so glauben sie, man schildere Szenen aus dem Dreißigjährigen Krieg."

„Stichwort Krieg. Mein Vater hat in der Kriegsgefangenschaft gelernt, Sandalen aus alten Autoreifen zu machen. Und als er nach Hause kam, beglückte er uns mit den Vorläufern der Birkenstockmodelle. Und meine Mutter erlernte die hohe Kunst, Kartoffelsäcke aufzutrennen und aus dem Sackgarn kratzige Socken zu stricken, die große Ähnlichkeit mit Kettenhemden für die Füße hatten. Uns blieb die Wahl, diese beiden Folterinstrumente zu tragen oder barfuß zu laufen."

„Das war ja alles noch harmlos im Vergleich zu dem, was mir die so genannte Befreiung beschert hat. Ich habe nämlich gedacht, mich holt der Leibhaftige höchst persönlich. Bei einer Demonstration amerikanischer Armeefahrzeuge öffnete sich an einem Panzer oben eine Luke, und ein kohlrabenschwarzes Wesen mit wulstigen Lippen und weißem Pferdegebiss schälte sich heraus. So hatte ich mir den Erzählungen meinen Großmutter nach den Teufel vorgestellt. Völlig unbeleckt von Montessori und Rudolf Steiner hielt sie Abschreckung für die wirksamste Pädagogik und war nicht zimperlich, wenn es darum ging, mich auf dem ‚richtigen Weg' zu halten. Geschichten von dem Schwarzen in den höllischen Flammen pflasterten meinen Weg der lässlichen Sünden. Übrigens hatte ich noch nie vorher einen dunkelhäutigen

Menschen gesehen. Ich war beim Anblick dieser Höllengestalt daher wie gelähmt vor Entsetzen und konnte mich nicht von der Stelle rühren. Während die größeren Kinder davon sprangen, blieb ich wie festgeschraubt stehen. Das schwarze Ungetüm stieg vom Panzer, kam in wohlwollender Absicht auf mich zu und nahm mich auf den Arm. Ich muss so laut und lang gekreischt haben, dass die Ambulanz ausrückte."

Die Freundinnen legten eine Gedächtnisminute für Kriegserlebnisse, drastische Erziehungsmaßnahmen, Hunger und Lumpen ein, alles Dinge, die ihnen dennoch nicht sonderlich geschadet hatten. Anschließend machten sie sich über eine Tafel hochfeiner Trüffelschokolade her, die Regina aus ihrem Zauberrucksack gezogen hatte.

Bei der nächsten kleinen Rast, die extrem lauffreundliche Schuhe vorgaben, legte sich die Fußkranke zur Verarztung rückwärts ins Gras, um ihre gemarterten Füße nicht anschauen zu müssen und rief: „Oh!" Sie hatte aus ihrer Perspektive eine dunkle Wolke am ansonsten blauen Himmel entdeckt. Die Wolken vermehrten sich noch schneller als die Anzahl ihrer Blasen. So plötzlich, dass es nicht gelang, Regenzeug anzulegen, ließ das Wolkenungetüm unter Flutlichtattacken und gräßlichem Krachen Wasser. Die Sturzfluten des Sambesi taten ihr Bestes, die ausgebuchtete Anatomie von Mitfünfzigerinnen ins rechte Licht zu rücken. Nach der Dusche von ganz oben fügten sich die Kleidungsstücke in geschmeidigem Nass den ausladenden Körperformen willig an.

Abends hatten sich die Wandergesellinnen vom Sportereignis des Tages und den eingelegten Wasserspielen wieder erholt. Zur verabredeten Zeit trafen sie sich im Foyer.
„Meine Fettzellen müssen unbedingt aufgefüllt werden. Sie hängen nach diesem Gewaltmarsch jämmerlich in den Seilen", jammerte Friederike und schielte ins Restaurant, aus dem es verführerisch heraus duftete. Ingrid hatte plötzlich einen umstürzlerischen Zug im Gesicht. Sie kniff die Augen zusammen und schaute von einer zur anderen.
„Ihr habt euch ja mächtig aufgebretzelt. Ist es nicht ein bisschen schade, so viel Herrlichkeit in einem Landgasthof wirkungslos verpuffen zu lassen, auch wenn der Wirt hier zu den seltenen männlichen Exemplaren gehört, die ihr angeberisches Gehabe weitgehend abgebaut haben?"
Gelächter, Gekicher, Zustimmung.
„Wir sind doch hier in der Nähe der Weltstadt Dresden. Es müsste dort ja auch diesen Service für Businessfrauen geben. Ihr wisst schon ..."
Die Heiterkeit verstärkte sich.
„Mensch, Ingrid", Regina hob in vorgetäuschter Irritation die Brauen.

Dann sahen sie sich an. Und plötzlich hatten alle das gleiche Blitzen in den Augen, als ginge es zu einer Stippvisite auf den Blocksberg. „Ja, Wahnsinn, aber warum nicht? Man muss alles einmal ausprobieren."

„Natürlich ganz seriös."

„Na klar. Saumäßig seriös."

„Also, dann ruf bei der Stadtinformation an: Vier kultivierte, gut aussehende Mitfünfzigerinnen suchen adäquate männliche Begleitung für einen Abend."

Variante 101 des Knackerthemas

„Och, so'n alter Knacker, er ist mindestens schon 55!"
Ich machte die Augen auf und schaute mich um, den Nachhall des Satzes noch im Ohr. Mein Adamsapfel begann unkontrolliert auf- und abzuhüpfen. Seltsam. Sehr seltsam. Woher kam plötzlich dieses unangenehme Gefühl, das sich langsam, von den Zehenspitzen aufwärts, in meinem bis dahin unbescholtenen Körper breit machte?
Alter Knacker also. Ja, Teufel noch eins. Hat das nun gar nichts gebracht, mein aktives Herumlungern im Schönheitssalon, in dem ich mich trotz aller Bekenntnisse zum neuen Mann so beklommen fühle wie in der Dessousabteilung eines Kaufhauses, weil der echte Kerl in mir flüstert, ich verkaufe meine Männlichkeit für ein bisschen Pfirsichhaut? Mein verschämter Blick in den Spiegel, hinterher, wenn mindestens drei Kilo Schmiere mittels zarter Hände die Seiten gewechselt haben? Umsonst, das alles? Und warum meine Plackerei im Fit-

ness-Studio? Null? Nichts? Demnach hätte ich mich also eben so gut in meiner Freizeit als Holzfäller betätigen können, wenn das Ganze auf reine Schweißtreiberei reduziert wird. Denn, um bei der Wahrheit zu bleiben, natürlich möchte der Mann mit einem gestählten Körper nicht nur Dynamik, sondern auch Jugendlichkeit vorgaukeln. Und die Farbauffrischung meiner Haare? Nutzlos die zeitraubende Prozedur?

Vielleicht muss ich zuerst etwas zurechtrücken. Ich komme aus einer glücklichen Familie, aus einer, in der es keine Altersangst gibt. Dieses Wort hatte bis jetzt in meinem Vokabular kein Asyl beantragt. Gleichwohl. Sauschwierig für mich, diese neue Situation. Wenn das alles auch keine Erfahrungen waren, auf denen man ein Leben aufbaut, kamen mir die Isarauen, in denen ich mich träge räkelte, plötzlich nicht mehr wie ein mediterraner Strand vor, wie mir das die Sonne noch vor wenigen Augenblicken vorgekaukelt hatte. Sie glichen nun eher einem öden, grauen Flussbett voller kleiner plärrender Apparaturen, weg geworfener leerer Coladosen, Bierflaschen und sonstiger Rückstände, die Archäologen ferner Jahrtausende beschäftigen werden. Ich fühlte mich ohne Vorwarnung schwer angeschlagen von den mittleren Lebensjahren, voll Einsamkeit, Dumpfheit und Schmerz. Das Vorgefühl darauf, wie sich auf einmal niemand mehr für mich interessieren wird, ließ meine Herzklappen sich verengen und die Venen als dicke Stränge auf meinen Handoberflächen herausquellen.

Ich richtete mich ein wenig auf und suchte nach den Verursachern meines plötzlichen seelischen Unwohlseins. Nicht weit weg von mir unterhielten sich zwei junge, reizende Frauen. Sie sprachen ganz offensichtlich nicht von mir. Sie unterhielten sich mit ungedämpften Stimmen über irgendeinen 55-Jährigen, der sich an eine der hübschen Pflänzchen ran gemacht hatte. Damit kam unverkennbar etwas Licht in die bisher so dunkle Angelegenheit. Doch nach dem Schock, den mir der erste Satz beigefügt hatte, erleichterte mich diese Tatsache nur geringfügig, ebenso der Umstand, dass sie nicht „Oldie", „Grufti", „Uhu" oder sonst etwas Virtuelles gesagt hatten sondern alter Knacker. Der Ausdruck hatte, trotz der großen seelischen Verletzung, die er mir zugefügt hatte, etwas abschwächend Altmodisches, wirkte geradezu putzig, so als hätten sie vom Alm-Öhi gesprochen.

Obwohl es also nicht um mich ging, blieb die grausame Zäsur bestehen. Denn auch ich geh auf die 60 zu. Nun kommt, wie sattsam bekannt, das Knackerthema in vielen Variationen daher. Optimisten sprechen von Panikmache. Ich gehöre eher zu den Pessimisten. Mir selbst war mein Knackertum bis dahin noch nicht aufgefallen. Seither lief alles bestens. Kein Knick in der Karriere. Nichts knackt an mir. Auch nicht, wenn ich vom Sitzen zum Stehen gelangen möchte und dies in Zeitlupe vor sich gehen muss, weil der Ischiasnerv nicht begeistert von der Veränderung ist und es auf seine Art zeigt.

Ich sah an mir hinunter. Und plötzlich, ja, da entdeckte ich die Hohlheit und Wahrhaftigkeit alles Irdischen. Meine Knackeraugen waren sehend geworden und ich fühlte mich wie Adam, nachdem er in den Apfel gebissen hatte. Verzweifelt fragte ich mich, woher ich den Mut zum Tragen dieser knapp bemessenen Badehose genommen hatte und bedauerte, dass die flächendeckenden Badeanzüge aus den Anfängen des Jahrhunderts aus der Mode gekommen waren.

Meine Hand fuhr in tiefer Depression an den Kopf – und landete im Schütteren. Das waren harte Fakten. Zwar war der neue Trend ein wenig Balsam auf die Knackerwunde: Der einflussreichste Gott unserer Ära marschiert seit einem Weilchen in die entgegengesetzte Richtung. „Kahl ist cool!", heißt plötzlich die Losung und Typen wie Jung-Siegfried trennen sich freiwillig und ohne Not von ihrer Dichthaarigkeit. Was sie offensichtlich anziehend für das andere Geschlecht macht. Demnach wäre es also möglich, dass sich altgedienten Kahlköpfen wie mir noch einmal sinnliche Paradiese öffnen und „Alter Knacker" – dieser Schlag in mein nicht mehr ganz junges, aber dafür umso männlicheres Gesicht – gar nichts zu bedeuten hat?

Statt in gnädige Euphorie zu verfallen, wuchs meine Verunsicherung. Die einschneidende Neuigkeit als achtlos fallen gelassene Bemerkung von Unreifen ließ mein Leben unversehens aus dem Ruder laufen. Nicht mehr ich also bin es, der die Marschroute festlegt, vielmehr werde ich vom Leben nun hierhin und dorthin gezogen, werde mich von Knackergau zu Knackergau hangeln müssen, wenn es mir nicht gelingt, das schlingernde Leben anzupflocken wie eine widerspenstige Ziege.

Ich versuchte mich an dem aufzurichten, was meine Frau ironisch als männliche Dreifaltigkeit zu bezeichnen pflegte, wenn sie unsere Vorliebe für Autos, Schuhe und Uhren aufs Korn nahm. Es ist wahr. Ihr beherztes Einschreiten hatte dieses oder jenes meiner zu heißen Bäder im geschmeidigen Eigenlob auf die richtige Temperatur gebracht.

Wo war meine Frau überhaupt? Ich sah mich um. Sie war nicht zu entdecken. Für den Augenblick wohl besser. Sie konnte auf eine Art die linke Augenbraue heben, die deutlich zum Ausdruck brachte, was sie von derlei „Haschen nach Wind" hielt. Ebenso hatte sie ein minimales Verständnis für die Seite des Mannseins, die weit in die Evolution zurück reicht und als „Casanova-Syndrom" in die Kulturgeschichte eingegangen ist. Sie bezeichnete derlei Regungen als rechtfertigenden Mumpitz für diffuse Fleischeslust.

Falsch. Ganz falsch. Keine Frau wird je begreifen, wie unser Ansehen, ja unsere ganze Bedeutung für uns selbst, steht und fällt mit dem Eroberungserfolg. Der kann in der Tat seltsame Blüten treiben wie zum Beispiel bei den Römern, die mal kurz bei den Sabinern nach dem Rechten schauten und sich bei dieser Gelegenheit ein paar Frauen ausborgten. Alles Dinge, die mit der Aufarbeitung unserer Vergangenheit als Arterhalter zu tun haben und von Frauen gar nicht verstanden werden können, was diese aber nicht abhält, hart und bedrohlich unsere Entmythologisierung voranzutreiben. Gegenseitiges Unverständnis ist die zwangsläufige Folge.

Die Aufarbeitung der gnadenlosen Tatsachen ließ mich erkennen, dass ich gemessen an kauzigen Greisen und altersschwachen Büffeln immerhin zu einem der jüngsten alten Knacker, sozusagen zu den Jungknackern gerechnet werden musste. Schließlich gibt es 70-, 80- und gar 90-Jährige, die die Knackerschmach ebenfalls weit von sich weisen und sie den 100-Jährigen anheften. Das ist die höhere Knackermathematik, wie sie an Mädchenpensionaten nicht gelehrt wird.

Während ich weiter an der Bewältigung meines neuen Zustandes arbeitete, schaute ich noch einmal zu den beiden Grazien rüber, die mir die unfrohe Botschaft verkündet hatten. Vor Erstaunen klappte mein Mund auf. Sie schauten in meine Richtung – alle beide. Die Reinkarnation einer Aphrodite besonders. Ich tat das, was jeder Mann tut, wenn ihm weibliche Aufmerksamkeit in so hohem Maße zuteil wird. Ich blickte hinter mich. Niemand außer mir konnte gemeint sein.

Da, auf einmal, bekamen die Isarauen wieder ihren mediterranen Glanz, die Ahornbäume neigten ihre Zweige nach unten und entfalteten Palmenwedel. Ordinäre Saatkrähen, die in den Bäumen hingen wie ein schwarzes Tuch, entpuppten sich als anmutige Schwalben. Sie

stoben auf, und beim Hochschwenken blitzten ihre leuchtenden silbernen Unterseiten wie Feuerwerkskörper.

Und Aphrodite lächelte und lächelte. Sie erhob sich auf ihre langen Fohlenbeine, als hätte sie es ihrer Urmutter, der aus dem Schaum des Meeres Geborenen, abgeschaut und schwebte auf mich zu. Ich vergaß, über den Verlust meiner früheren Möglichkeiten zu hadern. Ich wurde quasi vom Geschehen überrollt. Mir stockte der Atem. Die hochgewachsene Schöne kam langsam näher. Sie schob ihre makellose Figur in einer Weise auf mich zu, als befände sie sich auf dem Laufsteg einer Miss-Wahl. Ich fühlte, wie die Energie aus der männlichen Dreifaltigkeit meine entblößten Unzulänglichkeiten überstrahlte. Mein Oberkörper schob sich wie von selbst der wunderbaren Zusammenkunft entgegen. Das Ebenbild der Aphrodite kniete neben mir nieder. Ihr Atem traf mich mit der Zartheit eines Schmetterlingsflügels. Sie berührte meinen Oberarm ...

„Herr Kleinschmitt", rief sie. Seltsam. Woher kannte sie meinen Namen? Und die Stimme passte irgendwie nicht zu der hinreißenden Gestalt.

„Herr Kleinschmitt! Aufwachen! Es ist nicht gut, unter der Höhensonne zu schlafen", rief das Aufsicht führende Muskelpaket des Sonnenstudios und zerrte wie ein Berserker an meinem Arm.

Kinderdank

„Wir haben es geschafft", sagte Heinz Lachner zu seiner Frau Margret, als die jüngste Tochter nach Hause kam und stolz einen Anstellungsvertrag präsentierte. Beide Töchter hatten damit ihre Ausbildung beendet. Beide konnten für sich selbst sorgen.

„Ja, allen beiden ein Studium zu finanzieren, das war kein Pappenstiel, und wir mussten uns ordentlich einschränken", antwortete seine Frau und dachte an all die Streckmanöver, mit denen sie das Haushaltsgeld malträtiert hatte.

„Ab morgen wird gelebt", rief Herr Lachner, und die Erleichterung über abgelegte Verantwortung war ihm anzusehen.

„Wir fangen sofort an, auf eine Reise zu sparen. Ich wollte schon immer so gerne mal andere Kontinente kennen lernen. Und nicht jeden Urlaub in einer Ferienwohnung gleich um die Ecke verbringen, in der ich wie üblich kochen und putzen muss, nur weil für uns nicht mehr drin ist", ereiferte sich seine Frau.

„Und endlich mal ein ganz neues Auto. Nicht immer ein Gebrauchtes ..."

„Ja, und zwischendurch mal eine kurze Städtereise in Europas Metropolen ..."

„Und einmal im Monat zum Essen gehen."

„Und deinen Geburtstag mit der Schnapszahl mit ganz vielen Gästen auswärts feiern."

Heinz Lachner nahm seine Frau in den Arm. „Wir werden es uns so richtig gut gehen lassen, wenn wir nun nicht mehr jeden Pfennig zweimal umdrehen müssen."

Seine Frau dachte wie er, hatte aber eine gewisse Skepsis im Blick. Vier Wochen vergingen. Dann kam Katja, die Jüngste, mal kurz vorbei.

„Also ehrlich. Ich habe den ewigen Saustall in der Wohngemeinschaft satt. Ich glaube, es ist Zeit, dass ich mir eine eigene Wohnung suche", stellte sie fest und sah ihre Eltern forschend an.

„Ich hätte da etwas in Aussicht, aber die Einrichtung … Von meinem ersten Gehalt muss ich mir erst mal ordentliche Klamotten für den Job kaufen, da bleibt nichts übrig für Mobiliar."

Herr und Frau Lachner sahen sich an.

„Im Keller, der alte Schrank. Und dein Jungmädchenzimmerbett könntest du doch mitnehmen."

„Es ist nur so, Paps", und sie hängte sich bei ihrem Vater ein.

„Ich hab jetzt so einen tollen Job und da sieht es echt nach Sozialhilfe aus, wenn ich in alten Möbeln hause. Findest du nicht auch? Im Übrigen ist es total out, mit Sperrmüll seine Wohnung einzurichten."

Ihr Blick in die Augen des Vaters wurde inniger. Herr und Frau Lachner sahen sich noch einmal an. Nicht ganz so innig wie Tochter und Vater. Den Vater überfiel plötzlich eine seltsame Halskrankheit und er musste sich immerzu räuspern. „Was meinst du, Margret. Wenn wir unsere Reise etwas verschieben und ihr einen Betrag vom Sparbuch vorschießen ...?"

„Juhu, ich habe die besten Eltern der Welt", jubelte das Nesthäkchen und flog dem Vater an den Hals und dann davon.

„Schau mal, man muss den Kindern am Anfang ein bisschen unter die Arme greifen", sagte Herr Lachner zu seiner Frau, als die Tochter außer Hörweite war und Frau Lachner nickte, obwohl sie ganz versteckt irgendwo innen drin dachte, dass sie ja auch mal das Recht hätten, an sich zu denken.

Ein halbes Jahr später. Anke, die Erstgeborene, schaute mal kurz vorbei.

„Stellt euch vor, ich hab ein tolles Stellenangebot bekommen. Eine unglaubliche Chance für mich. Die Sache hat nur einen Haken. Die Firma liegt in der Pampa, und ohne Auto komm ich da nicht hin." Ihr Blick ging von einem Elternteil zum anderen und blieb beim väterlichen hängen. Sie machte eine Pause, die sie dazu nutzte, eine ordentliche Portion beschwörende Innigkeit in ihren Blick zu legen. „Ich hab da an ein wenig Sponsoring von eurer Seite gedacht …"

Herr und Frau Lachner sahen sich an. Bevor Herr Lachner wieder seine seltsame Halskrankheit bekommen konnte, sagte seine Frau:

„Also, gleiches Recht für alle. Wenn Katja etwas bekommen hat, steht es Anke ebenfalls zu." Und mit einem kaum wahrnehmbaren Seufzer fügte sie hinzu: „Verschieben wir halt unsere Reise noch mal um ein Jahr."

„Juhu, ihr seid Spitze", jubelte die Erstgeborene und wirbelte davon.

Es vergingen ein paar Wochen, ohne dass eine der Töchter mal so eben kurz vorbeigeschaut hätte. Herr und Frau Lachner begannen vorsichtig bescheidene Pläne zu schmieden. Da klingelte eines Abends das Telefon.

„Hallo, Paps", sagte das Küken. Anke und ich haben uns noch nicht mal so richtig bedankt für eure großzügige Hilfe. Na ja, ihr wisst auch so, dass ihr okay seid. Trotzdem, wir wissen, was sich gehört. Wir haben nachgedacht, und weil ihr wegen uns so sparen musstet und kaum mal ins Lokal zum Essen gehen konntet, wollen wir euch, sozusagen symbolisch für mancherlei Entsagungen, mal so richtig klotzig zum Essen einladen. Irgendwohin, wo es von Kochmützen oder Sternen nur so wimmelt. Einverstanden?"

Das war nun so etwas völlig Neues für Heinz und Margret Lachner. Das erste Mal sollte etwas in die Gegenrichtung fließen. Die erste Einladung von den Kindern. Was für ein Ereignis!

„Siehst du", sagte Herr Lachner zu seiner Frau, „der Samen geht auf. Die Investition in die Kinder hat sich gelohnt. Wir haben prächtige Töchter."
Die Eltern erschienen pünktlich zum vereinbarten Termin und warteten auf dem Parkplatz auf ihre Töchter, weil das Restaurant einen so noblen Schatten warf, dass sie sich allein nicht hinein trauten.
„Ja Wahnsinn, Paps", begrüßte ihn Anke, als die Töchter wenig später eintrafen. „Du siehst ja aus wie der Chef eines Bestattungsunternehmens." Sie prustete los und umrundete ihren Vater.
In der Tat. Herr Lachner sah auf eine getragene Weise feierlich aus. Er hatte gefunden, dass das passende Kleidungsstück für ein Ereignis von solch einmaliger Bedeutsamkeit der dunkle Anzug sei, den er sich zur Konfirmation der Erstgeborenen gekauft hatte. Er war nur etwas verwundert darüber gewesen, dass ein Anzug allein vom Hängen im Schrank dermaßen eingehen konnte.
„Ich finde eher, du ähnelst einer abgebundenen Blut-

wurst", bemerkte Katja und kicherte. Herr Lachner zog den Bauch ein und versuchte auch sonst, sich etwas zusammenzuziehen. Das war ungefähr so effektiv, als versuche ein Mensch mit abstehenden Ohren diese anzulegen. Nach weiteren töchterlichen Umrundungen mit noch mehr liebevoll spöttischen Bemerkungen hängten sich die Töchter rechts und links ein und schritten zum Eingang. Es sah fast aus, als führten sie ihren Vater zum Traualtar.

Beim Betreten des Restaurants wurden sie von einer sehr noblen männlichen Erscheinung in Empfang genommen und an einen Tisch geleitet. Ein anderes, noch vornehmeres männliches Wesen überreichte mit ausdrucksloser Miene die Speisekarten.

„Sind die aus echtem Schweinsleder?", fragte Frau Lachner ein wenig eingeschüchtert und traute sich kaum, darin herumzublättern. Es verschlug ihr vollends die Sprache, als sie die Preise sah.

„Für den Preis eines Menüs kann ich ja uns beide eine ganze Woche ernähren", flüsterte sie ihrem Mann zu.

„Kümmere dich nicht darum, wir sind eingeladen", flüsterte er zurück und verstummte, weil eine junge Dame ein Brotkörbchen und ein Töpfchen mit Kräutercrèmefraîche auf den Tisch stellte.

„Wir haben doch noch gar nichts bestellt", wunderte sich Frau Lachner.

„Das gehört zum Service eines guten Hauses", antwortete Katja und lächelte. Die Töchter hatten schon gewählt und sahen zu, wie die Augen ihrer Eltern etwas hilflos zwischen den Glaubensbekenntnissen eines Spitzenkochs hin und her wanderten.

„Na los, keine falsche Scham", gab Anke vor, und Katja fragte:

„Sollen wir euch helfen? – Okay! – also, als Vorspeise könntet ihr Parmaschinken mit Fenchelschiffchen, gefüllt mit Karottenmousse und getrockneten Tomatenwürfeln an karamelisierter Kastanien-Geflügelsoße probieren. Tja, als Zwischengang ein bisschen Fisch, vielleicht Langustenparfait mit Hummermedaillons an Kerbelschaumsoße. Dann Hauptgericht. Wir haben uns für Bress-Tauben im Wirsingblatt mit Zitronengras-Risotto entschieden. Möchtet ihr das auch? Der Nachtisch hat Zeit. Dafür gibt es dann eine separate Karte."

Frau Lachner sah ihre Töchter an, dann ihren Mann – und schwieg, weil zwei Ober erschienen, jeweils zwei Tellerchen mit einer Winzigkeit darauf trugen und vor die Gäste hinstellten.

„Eine Empfehlung des Hauses", sagte der eine mit so viel Würde, als spräche er das Tischgebet. Frau Lachner besah sich neugierig das Wachtelschenkelchen, das nicht einmal ausreichend Angriffsfläche für Messer und Gabel bot.

„Ich finde es ganz und gar unwirtschaftlich, wegen solch einer Kleinigkeit sauberes Geschirr zu beschmutzen. Kein Wunder, sind die Preise hier so hoch."

„Aber Mami", begann Katja und schwieg, weil wieder ein Ober nahte.

„Haben die Herrschaften gewählt?", fragte er mit abwesendem Blick und begann zu notieren. „Wegen des Weins werde ich Ihnen den Sommelier schicken", sagte er und da getraute sich Herr Lachner nicht mehr, ein Bier zu bestellen. Anke sah die Fragezeichen in den Augen der Eltern und erklärte die Funktion eines Sommeliers.

„Trinkt ihr für gewöhnlich nicht Cola?", fragte Frau Lachner ihre Töchter und sah sie an, als seien es nicht mehr ihre Kinder.

„Aber, Mami, doch nicht zu so einem Essen."

Herr und Frau Lachner hatten in der Abfolge der Mahlzeit noch mehrmals Gelegenheit, sich zu wundern. Aber sie fanden, dass es eines der schönsten Erlebnisse ihres seitherigen Lebens war, von den Kindern ausgehalten zu werden.

Als es ans Zahlen ging, brachte einer der unzähligen umher schwirrenden Pinguine eine Ledermappe, die so aussah, als könne man darin gut ein Testament aufbewahren und legte sie mit einer gemessenen Drehung des Handgelenkes dezent vor Herrn Lachner hin. Bevor dieser sie aufschlagen konnte, schnappte sich Anke die Mappe mit der rechten Hand und begann mit der linken in ihrer riesigen Beuteltasche zu wühlen. Wühlte plötzlich mit beiden Händen, wurde ziemlich blass, beugte sich zu ihrer Schwester und flüsterte: „Merde, ich hab meinen Geldbeutel vergessen. Meine

Kreditkarte ist auch da drin. Könntest du nicht vorerst die Summe auslegen?"

„Aber wir hatten doch ausgemacht, dass du erst mal alles zahlst, und wir hinterher teilen. Deswegen hab ich überhaupt kein Geld eingesteckt." Schreck machte sich auf beiden Gesichtern breit. Herr Lachner betrachtete die Verwirrung seiner Töchter und begann zu schmunzeln.

„Keine Panik, meine Lieben. Euer Vater ist trotz aller Knappheit immer dann flüssig, wenn es darauf ankommt." Er griff nach der Mappe, schlug sie auf, starrte ein Weilchen auf das eingelegte Blatt, dann holte er die Brille hervor und wenig später seine Brieftasche. Langsam legte er einen Hunderter nach dem andern in die Mappe und klappte sie zu.

„Tja, Margret", sagte er und tätschelte die Hand seiner Frau. „Ich fürchte, wir werden unsere große Reise doch noch ein wenig verschieben müssen. Aber findest du nicht auch, dass es das wert ist?"

Lieben Sie Mobbing?

Hildegard Bekker saß vor ihrer Tastatur, die Hände in Schreibposition: a-s-d-f-g-Leertaste-Leertaste-h-j-k-l-ö-ä. Sie schrieb nicht. Sie war mit der harten Arbeit der Chefbewältigung beschäftigt und bemitleidete sich selbst ein bisschen. Dann dachte sie über Altersteilzeit und vorzeitigen Ruhestand nach und über sich. Ist sie eine Dulderin, die sich selbst kasteit oder ist sie eine Heroine, die sich wie Phönix aus der Asche zu heben gedenkt?

Seit fast fünfundzwanzig Jahren war sie Mitarbeiterin von Herrn Müller und die Seele seines Designbüros. Herr Müller war ein Vorgesetzter, der es nicht zuließ, dass sich seine Angestellten mit revolutionären Grundsätzen bekannt machten. Er war gegen Gewerkschaften und für absolutistische Entscheidungen und förderte mit seiner Haltung, das Schleimscheißertum.

Sein Vorrat an sorgfältig vergifteten Worten war unerschöpflich. Seine Entspannung bezog er, leugnen hilft

nichts, aus cholerischen Anfällen und beim Tanz um das Goldene Kalb.

Frau Bekkers Loyalität ihm gegenüber war bis jetzt ungebrochen, auch wenn ihr durch die Hand ihres Chefs das Bewirtungsgeschirr immer mal wieder vor die Füße flog. Sein Tun half ihm freilich nichts, so unliebenswürdig er sich auch benahm, weil seine Sekretärin zu denen gehörte, die ihre Ellbogen lieber als Schutzpolster gebrauchten, als dazu, anderen Püffe auszuteilen. Das Surfen in den Kanälen der Unbotmäßigkeit gehörte nicht zu ihren bevorzugten Eigenschaften. Als überzeugte Christin galten für sie die Worte des Apostels Paulus: „Seid untertan der Obrigkeit!" Eine kleine rein private Unmutsbekundung war alles, was sie sich nach besonders heftigen Attacken gönnte. Im Augenblick jedoch zeigte ihr „Bis-dass-der-Tod-uns-scheidet-Blick", mit dem sie all die Jahre über ihren Boss bedacht hatte, Abnützungserscheinungen. Ihre bestürzende Fröhlichkeit ebenfalls. Ihr trüber Gedankenfluss wurde jäh unterbrochen. Da die Türen der frei fließenden Kreativität wegen stets offen stehen mussten, konnte Hildegard Bekker einen ihrer jungen Kollegen hören, der aus dem Chefzimmer zurück kam:

„Dieses scheißverdammte Altherrendesign. Es ist zum Kotzen. Ich pfeiff auf Festtagswerbung, den guten Stil alter Prägung. Meine Linie ist die neue Ästhetik der Brüche, der schrillen Dissonanzen und offenen Widersprüche. Ich hab mich da echt tierisch rein gehängt in diesen Auftrag, mich total eingebracht und wollte ein wenig *future* in die gute Stube schaffen. Könnt ihr euch das vorstellen? Du sitzt vor deinem übermächtigen Boss und diskutierst zwei Stunden mit ihm: Das sind die Probleme, und so können wir sie anpacken. Du zeigst ihm, was du draufhast, dass du dein Metier bis in den letzten Winkel beherrschst, und der Mann zeigt sich nicht beeindruckt. Was macht er? Mit einer Handbewegung fegt er alles vom Tisch. Wenn du aus diesem Meeting rausgehst, fühlst du dich wie der letzte Dreck."

Hildegard Bekker beugte sich etwas vor und sah Siggi, der wütend und in Reue über nutzlos verausgabte Dynamik die niedergemachten Ideen auf den Tisch knallte. Sein Unmut war noch nicht aufgebraucht:
„Heil, Cäsar! Echt Scheiße find ich das. Ich wand're aus! Nach Flädlesbrunn", hängte er noch an.

„Noch einer mit Fluchtgedanken", dachte Hildegard Bekker und stand auf. Gehörte nicht auch die Pflege des Betriebsklimas zu den Aufgaben einer Sekretärin? Hier schien ihr Hang zur Seelsorge gefragt. Sie nahm eine Telefonnotiz, die für Siggi bestimmt war und trat näher. „Hallo, Bäckerin", begrüßten sie die jungen Leute und grinsten ihr entgegen.
„Was gibt es denn?" fragte sie beschwichtigend.
Mit einer Kopfbewegung zum Allerheiligsten hin kam die Erklärung: „Welcher bedeutende Mann käme sich

nicht hin und wieder wie der liebe Gott vor? Und hat nicht dieser Hohe Herr bei seiner Gesetzesveröffentlichung durch Moses auf dem Berg Sinai tüchtig mit Blitz und Donner gearbeitet? Warum soll da unser Hoher Herr zurückstehen? Vielleicht vergleicht er uns mit dem damaligen Publikum. Wenn ich mich richtig erinnere, war da sehr viel von Ochsen und Schafen die Rede. Da muss es schon ordentlich krachen und zischen, wenn eine Botschaft ankommen soll."

Barry, der sich ebenfalls schon mehrere Schrammen an der Kantigkeit des Chefs geholt hatte, feixte bei den Worten von Siggi freundlich in die Gegend. Dann wandte er sich an Hildegard Bekker: „Na, Bäckerin, was gibt es Neues an der Chaosfront?" Sie lächelte nachsichtig. Denn es war kein Geheimnis, dass sie mit der Ordnung ihre liebe Not hatte. So manch ein Schriftstück, eine Notiz und auch Wichtigeres blieben auf ewig in ihrem Reich verschollen. Herrn Müllers Grabgesang zu diesen Ereignissen prägte sich ein.

„Sie müssen sich Ihrem Problem stellen, sonst landen Sie noch in der Klapse", erweiterte Barry sein aufbauendes Interview.

Die liebevollen Frotzeleien ihrer jungen Kollegen richteten sie immer wieder auf, wenn ihr Chef eine schwer verdauliche Sondervorstellung gegeben hatte. Ihr rundes Gesicht unter der ein wenig nachlässig geschnittenen

Kurzhaarfrisur rutschte bei dieser neuesten Empfehlung in die Breite, und sie begann zu lachen. Ihre unbeleidigte Art, mit der sie die Neckereien der jungen Kreativen aufnahm, stachelte diese zu immer noch gewagteren Formulierungen an. Barry fühlte sich mal wieder mächtig zum schalkhaften Redefluss gezogen:

„Was macht Ihre Beichtfibel? Bekommt sie auch anständig Futter?", wollte er wissen und spielte auf eine Begebenheit an, der beizuwohnen die jungen Designer die Ehre hatten.

Wieder einmal war eine Aktennotiz in den Tiefen des Sekretariats verschwunden geblieben. Herr Müller ließ damals bemerkenswerte Akkorde in das vollbesetzte Besprechungszimmer plumpsen:

„Sie halten mit Ihrer verdammten Schlamperei den gesamten Betrieb auf. Was das bloß Zeit und Geld kostet. Wir haben Wichtigeres zu tun, als zu warten, bis Sie Ihren Saustall durchgekämmt haben. Gehen Sie doch Steine klopfen, wenn Sie sonst nichts können." Und in allerhöchster Erregung hatte er einen neuen Artikel zu seinem „Leitfaden der Kontrollmethoden und die Kontrolle der Kontrollmethoden" komponiert, wonach seine Sekretärin all die Fehler, die ihr künftig unterliefen, in einem Buch festzuhalten habe. Eine Sternstunde auf dem Gebiet der Menschenführung. Auch diesen zugefügten Orden nahm Hildegard Bekker gelassen hin und nickte fatalistisch, als Jan Philip in tröstender Absicht bemerkte: „Es muss schließlich auch Leute geben, die sich mit den Dornen beschäftigen. Man nennt das Arbeitsteilung, nicht wahr, Bäckerin?"

Eine kurze Zeit des Geknicktseins nur, dann folgte ein Anfall inneren Übermuts. „Ab heute beginnt ein neuen Leben", hatte sie den Kreativen halblaut zugerufen: ein Entschluss, dessen Folgenlosigkeit nicht abzusehen gewesen war. Bereit zur Umkehr, hatte sie tapfer ihr „Buch der Wahrheit", wie sie ihr Dossier scherzhaft getauft hatte, wie ein Lasso über ihrem Kopf geschwenkt. Der erste Eintrag hatte die vergessene Kündigung der Zeitschrift „Impulse" betroffen. Dahinter stand in Klammern und etwas kleiner geschrieben: wird von Bekker privat weiter bezahlt. Herr Müller hatte diese Bemerkung mit „o.k." abgezeichnet, die Kinnlade weit vorgeschoben, die Augen zugekniffen, als schmerze ihn diese Maßnahme, die aus pädagogischen Gründen unerlässlich war, selbst am meisten.

Mit Herrn Müller umzugehen, glich dem Versuch, in einem Gebiet mit aktiven Geysiren lustwandeln zu wollen. Ein kleiner Tritt daneben konnte den Untergang bedeuten. Ihre jungen Kollegen standen Hildegard Bekker bei, sooft es ging. Jedes Jahr an Fasching verliehen sie ihr eine mit großem Ideenreichtum entworfene Tapferkeitsmedaille. Durchhalteapelle ersetzten den täglichen Gruß. Tat sie mal still und bedrückt ihre Arbeit, so gaben sich die jungen Wilden große Mühe, sie mit ihren Blödeleien wieder aufzurichten.

Sie revanchierte sich für die Aufheiterungsversuche, indem sie es auf sich nahm, wenn die Kreativen abends vergaßen, den Kopierer abzuschalten, irgendwo das Licht auszuknipsen oder einen PC die Nacht im *stand by* verbringen ließen. Alles Vergehen, denen Herr Müller inquisitorisch auf den Grund ging und drohte, die angefallenen Stromkosten vom Gehalt abzuziehen.

Nach der Erfrischungsdusche durch das junge Volk ging Hildegard Bekker zurück an ihren Platz, setze sich und versuchte zu arbeiten. Doch dem Arbeitsfrieden war keine lange Lebensdauer beschieden.

„Fräulein Bekker! Kommen Sie doch mal rüber!" Wie ein Kugelblitz schoss Herrn Müllers Stimme über den Korridor. Hildegard Bekker schnappte sich Block und Bleistift und machte sich auf den Weg. Ihrem Gang nach schien ihr ähnlich zu Mute zu sein wie den ersten Christen, als sie sich ins Kolosseum zum Rendezvous mit den Löwen begaben. Sie schickte Herrn Müller ein Lächeln entgegen, aber es traf sie nur ein verständnisloser Blick. „Warum haben Sie meinen Füllfederhalter noch nicht zur Reparatur gebracht? Gibt es denn irgendetwas, das bei uns reibungslos funktioniert?"

Es konnte sich nur um einen sanguinischen Ausschlag ihres Temperaments handeln, als sie mit einem verschmitzten Heben der Mundwinkel antwortete: „Wie konnte ich denn wissen, dass er nicht funktioniert. Ich habe keinen Anstellungsvertrag mit der göttlichen Vorsehung."

Herr Müller schaute seine Sekretärin einen Augenblick irritiert an, wie er es immer machte, wenn sie Äußerungen tat, die ihn zweifeln ließen, ob sie ihrer Einfalt oder einer bis dahin nicht festgestellten Intelligenz entsprangen, und entließ sie mit dem Auftrag, endlich die Briefe vorzulegen, die er am Morgen diktiert hatte, und einen Tee zu machen, aber nicht wieder einen, der so schmeckt, als hinge man die Zunge in den Abwasserkanal.

Auf dem Weg in die Teeküche rief ihr Frederik, der mit einer Kreativitätsblockade kämpfte, zu:

„Hey, Bäckerin, können Sie nicht beim Boss einen Workshop in der Toskana locker machen? Musicclowns nehmen dort die Sache gegen Ideenblockade in die Hand. Die Ergebnisse sollen sensationell sein."

Aus den anderen Büros kam verhaltenes Glucksen und unterdrücktes Lachen. Das brachte ihn erst richtig in Fahrt. „Ohne eine ordentliche Portion kolumbianisches Marschierpulver fällt mir rein gar nichts ein", und als sichtbares Zeichen der Leistungsverweigerung fütterte er den Bildschirmschoner seines Computers mit der Frage: „Warum findet mich keine Idee?"

Die Ideenlosigkeit hatte Arbeitsunlust und Frust im Gepäck, die sich nun breit machten. Der Tag zog sich zähflüssig hin wie lauwarmer Tischlerleim. Auch der Nachmittag brachte keine entschiedene Wendung zum

Besseren. Der Boss kam von einem Meeting zurück, das man auch bei allem Optimismus nicht als erfolgreich bezeichnen konnte. In dunkle Gedanken vertieft stieg er die Treppe vom Parkplatz hoch zur Haustüre. Dort blieb er so ruckartig stehen, als hätte sich direkt vor ihm der Andreasgraben geöffnet.

„Bitte rufen, da Klingel kaputt!"

In Frau Bekkers schönen, runden Buchstaben auf ein DIN-A-4 Blatt gemalt, prangte diese Aufforderung für jeden Besucher gut sichtbar, inmitten des in großflächigem Glas und Chrom gehaltenen Eingangsbereichs, mit Tesafilm an den Ecken festgeklebt.

Herr Müller stürmte ins Innere des Hauses. Seine Haltung glich der eines zum Stoß ansetzenden Widders. Er riß die Türe zum Sekretariat auf und schrie los. Die enorme Lautstärke entstellte gänzlich seine Stimme.

„Sie Unschuld vom Lande, Sie. Sind Sie denn ganz von Gott verlassen? Das können Sie in Ihrem katholischen Gemeindehaus machen aber nicht in einem renommierten Büro wie dem unseren. Nehmen Sie gefälligst Ihr bisschen Verstand zusammen, bevor Sie wieder so einen Geistesblitz in die Tat umsetzen."

Krachend flog die Türe ins Schloss, wurde aber sofort wieder aufgerissen. „Besuchen Sie endlich mal einen Sekretärinnenkurs, damit Sie den Unterschied zwischen Business und Bastelstunde lernen."

Der rücksichtslos hin- und hergeschubsten Türe wurde es zu bunt, und sie setzte die Alarmanlage in Gang.

Die Kreativen auf ihren Logenplätzen zogen die Köpfe ein.
„Glaubst du, der Boss hat schon mal was von Softmanagement gehört?", raunte Frederik seinem Brettnachbar zu.
„Nein, er ist zweifelsfrei ein Anhänger Ludwig des XIV.: *L'etat, c'est moi!*", gab dieser zurück.

Die Reinemachefrau griechischen Ursprungs besaß neben schönen dunklen Augen auch eine mitfühlende Seele. Sachte, als traue sie dem geschundenen Mechanismus keine ordentliche Funktion mehr zu, drückte Joana nach einer schicklichen Zeit die misshandelte Türe auf.
„Jeschuss Marria, Cheffe viel bees heite." Dabei rollte sie die ausdrucksvollen Augen wie der Sarottimohr, übersättigt von seinem eigenen Produkt, und hantierte gekonnt mit ihrem Wimpernvorhang. Sie hielt es in dieser unheilträchtigen Stunde für sicherer, Sauberkeit in die untere Etage zu bringen und verzog sich.
Siggi konnte das nicht tun, obschon er große Lust verspürte, in geschütztere Zonen abzutauchen. Er musste zum Rapport. Herr Müller hatte in seinem Arbeitszimmer noch ein wenig mit seinen Stimmbändern experimentiert, um zu beweisen, dass sein Vorrat an Schonungslo-

sigkeit noch nicht erschöpft war und ihn dann, ohne Umweg über Hildegard Bekker, zur Besprechung gebeten. Teilnehmende Blicke von den übrigen Arbeitsplätzen folgten ihm.

Als er aus dem Chefzimmer zurückkam, schnaubte er wie ein Turnierpferd vor dem Sprung. Nicht immer waren die Kreativen dankbar für eine Unterbrechung, waren aber aktuelle Nachrichten von der Nummer eins zu erwarten, so legten sie auf der Stelle ihr Handwerkszeug beiseite und tauchten auf aus Höhlungen und Windungen des formbildenden Wirkens.

„Es ist zum Speien. Es ist die absolute Härte." Er wandte sich David zu und funkelte ihn aus zornigen Augen an. „Dich nimmt er mit zur Präsentation meiner Entwürfe. Es mag wohl in Indien mehr beim Anfassen des Kuhschwanzes gefühlt werden als bei Anordnungen im hauseigenen Chefbüro. Das habt ihr gut eingefädelt hinter meinem Rücken. Du gottverdammtes, karrieregeiles Arschloch, du. Hast du immer noch nicht geschnallt, dass du es in diesem Schuppen allerhöchstens bis zum Oberhausmeister bringen kannst, wenn du nicht vorher auf deiner eigenen Schleimspur ausrutschst und in einem der schwarzen Löcher verschwindest?"
Mit satanischem Grinsen stopfte er sich das T-shirt wieder in den Hosenbund, das beim erregten Hin- und Hergehen herausgerutscht war. Er setze sich vor seine

Zeichenanlage. Während er einen Bogen Layoutpapier mit Magnetstreifen am Brett befestigte, begann er laut zu denken:

„Schade, dass David kein afrikanisches Nilpferd ist. Wenn das nämlich seinem Herdenchef schöntun will, dann kotet es und verwedelt den fallenden Auswurf mit dem Schwanz – dem Boss mitten ins Gesicht."

„Sei vorsichtig!", versuchte ihn Jan Philipp zu beschwichtigen. „Der Alte kann es sich leisten, uns so zu behandeln. Schließlich kennt er nur zu gut die beschissene Lage auf dem Arbeitsmarkt. Was bekommen wir bei jeder Gelegenheit zu hören? Wem es nicht passt, der kann ja gehen, bei uns stehen die Bewerber Schlange."

Uli hatte von all den Eruptionen des Tages nichts mitbekommen. Er hatte auswärts zu tun gehabt, war aber bei seiner Rückkehr sofort informiert worden.

„Hallo Bäckerin," rief er und kam wie ein Westernheld mit den Armen schlenkernd näher. „Heute war ja wieder mal mächtig was los hier. Ich habe gehört, der kleine Dicke schlägt wieder um sich."

Hildegard Bekker wandte sich auf ihrem Stuhl wie ein Keuschheitsgelübde im Harem. Diese kühne Titulierung konnte in ihrer Gegenwart nicht unwidersprochen bleiben. „Pssst!", machte sie, obwohl Herr Müller telefonierte und mit seinem Auftauchen nicht zu rechnen war. „Er geht mit einer Idee schwanger," fügte sie rechtfertigend hinzu. „Und zudem hat er heute Zahnschmerzen." Ihre

Stimme war ein heiseres Flüstern. Ihre kleinen, runden Hände flogen bei ihren Worten hoch wie aufgescheuchte Spatzen und zeigten in alle Richtungen. Es sah aus wie eine Geste der Empörung. In Wirklichkeit war es einer ihrer spröden Hinweise auf eventuell versteckte Wanzen.

Es ist ein Naturgesetz. Auch unangenehme Tage gehen zu Ende. Die Büros der Designer lehrten sich so nach und nach. Als Letzter verließ Nico die hehre Stätte puristischer Form. „Tschüss, Bäckerin, und ordentlich Durchatmen in der frischen Luft oder sich zu Haus tüchtig an einer bestimmten Woodoopuppe austoben", schlug er vor und winkte ihr zu. Sie schmunzelte und wartete. Als ehemaliger Pfadfinder verfügte er über ein beachtliches Repertoire an Fahrtenliedern. „Nehmt Abschied, Brüder, ungewiss ist alle Wiederkehr ...", konnte er bei entsprechendem Dampfdruck schmettern, wenn die Eingangstüre hinter ihm zufiel.

„Was, Sie wollen schon gehen?", fragte Herr Müller eine Stunde später seine Sekretärin, als er ihr auf der Suche nach Arbeitswilligen im Vorraum begegnete. Sie schaute ihn an wie jemand, der glaubt, sich im Zimmer geirrt zu haben.
„Wir sollten dringend noch ein Angebot fertig machen. Aber zuerst brauche ich eine Verbindung mit meinem Kollegen, Herrn Borgward. Die sind um diese Zeit ganz sicher noch zu erreichen", fuhr er fort, als er ihren

Blick auf die Uhr bemerkte. „Der hat vielleicht eine Sekretärin. Ich kann Ihnen sagen. Die hat den Laden im Griff. Da kann man fragen, was man will, man bekommt immer sofort eine kompetente Antwort. Und vor allem hat sie sofort alle Vorgänge zur Hand. Da gibt es keine stundenlangen Suchaktionen wie bei uns."

Hildegard Bekker zog ihren Mantel wieder aus und warf ihn achtlos über eine Stuhllehne. Sie ließ Herrn Müller und alle Flanellmänner der Welt auf gleichgültige Weise Recht haben. Während sie auf das Abnehmen des Hörers im Büro Borgward wartete, dachte sie noch mal gründlich nach. Vorruhestand? Altersteilzeit? fragte sie sich. Und plötzlich verlor sich das abschätzig verfinsterte Gesicht ihres Chefs im Nebel, und sie sah nur noch die neckenden, lachenden, blödelnden Mienen ihrer jungen Kollegen.

„Nie. Niemals! Was würde ich denn anfangen, hätte ich all diese jungen Leute nicht mehr um mich, die mir mehr helfen als alle Antidepressiva zusammengenommen."

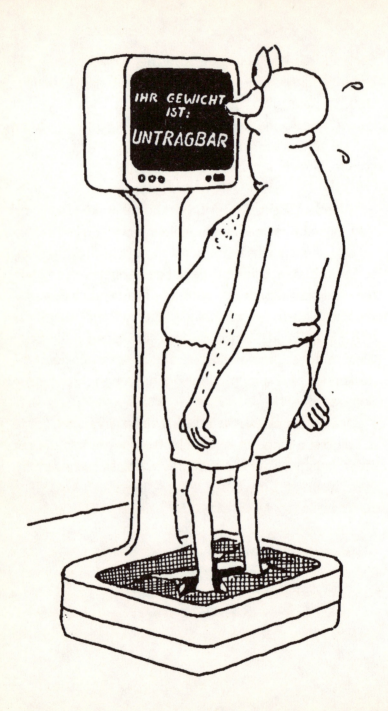

Abnehmen macht Spaß

Aus der Diele kam ein gewaltiges Ächzen und Stöhnen. Es hörte sich an, als ringe ein Mensch mit dem Tode. Frau Hausmann sprang erschrocken vom Wohnzimmersofa auf und stürzte nach draußen. Sie sah ihren Mann mit hochrotem Kopf, halb auf dem Boden hockend.

„Um Gottes willen, Gustl, was ist denn passiert?"
Sie ging neben ihn in die Hocke. Und da sah sie es. Gustl Hausmann versuchte, sich die Schuhe zuzubinden. Die quälenden Laute waren lediglich Ausdruck der Mühe, die ihm sein Übergewicht bei der einfachen Tätigkeit des Bückens verursachte.
Das Mitgefühl in Annemarie Hausmanns Miene verflog schlagartig. Sie richtete sich auf und bekam einen äußerst entschlossenen Gesichtsausdruck.
„Also, Gustl, diese ein wenig würdelose Vorstellung ist doch nun wahrhaftig Anlass genug, dass du dich ernst-

haft mit einer Gewichtsreduzierung befasst. Wenn dir schon dein Umfang egal ist, denkst du dann nicht wenigstens an deine Gesundheit?"

Mit weiteren gequälten Lauten, die aber angesichts der Maßnahmen, die drohend am Ehehorizont aufzogen, bedeutend schwächer ausfielen, richtete sich Gustl Hausmann wieder auf. Seine Frau sah ihn eindringlich an. Männer weichen Problemen eher aus. Deshalb versuchte er, ihrem Blick zu entwischen und sich zur Haustüre durchzuschlagen. Doch sie hielt ihn am Arm fest und ihr Ton wurde milder.

„Mal ernsthaft, Gustl, fändest du es nicht auch schön, wenn du dich zur Silberhochzeit, die wir in ein paar Monaten feiern werden, deinen Gästen und deiner Familie so richtig runderneuert präsentieren könntest?"

„Du meinst silhouettenmäßig?"

„Ich meine gewichtsmäßig."

Gustl Hausmann verzog säuerlich das Gesicht wie ein kleiner Junge, der Lebertran nehmen soll. Seine Frau ließ nicht locker.

„Schau mal, ich kenne dich doch. Du hast zwar einen freien Willen, aber keinen eisernen. Deswegen werden wir gemeinsam ein paar Pfunden den Garaus machen." Sie sah an sich hinunter und zog scharf die Luft ein, weil sie die Erinnerung an ihre Taille kurz und heftig attackierte.

„Geteiltes Leid ist halbes Leid", schob sie nach und es klang fast wie eine Losung.

„Ich weiß nicht, ob das wirklich so eine gute Idee ist", antwortete Gustl Hausmann und sah beunruhigt in das entschlossene Gesicht seiner Frau.

„Schließlich braucht man ja auch etwas zum Zusetzen für schlechte Zeiten."

„Was wir brauchen, ist allerhöchstens etwas zum Absetzen – und zwar beim Finanzamt. Im Übrigen stammt dein Spruch noch aus den Zeiten deiner Großmutter, als Hungersnöte so selbstverständlich waren wie die Krätze."

Grundsatzdiskussionen am Morgen waren Gustl Hausmanns Sache nicht. Zudem hatte er es eilig. Er murmelte etwas vor sich hin, sagte: „Also bis heute Abend!", küsste sie auf die Wange und zog die Haustüre hinter sich zu.

Als er am Abend nach Hause kam, bemühte er sich, seine Schuhe geräuschlos auszuziehen. Eine überflüssige Vorsichtsmaßnahme, wie sich herausstellen sollte. Wie üblich galt sein erster Blick dem gedeckten Abendbrottisch. Da vergaß er sein „Guten Abend" und den Kuss auf die Wange seiner Frau. Stattdessen brummte er: „Himmel noch eins" und sah bestürzt auf vier Esslöffel Quark und drei Tomatenscheiben, die auf jedem der beiden Tellerchen lagerten. „Du meinst das tatsächlich ernst mit der Diät", entsetzte er sich und nahm eine der beiden Scheiben Knäckebrot in die Hand, die als Komplettierung der Mahlzeit gedacht waren. „So was kann ich unmöglich essen. Das staubt zu sehr. Wenn überhaupt, dann brauche ich unbedingt ein Bier zum Staublöschen."

„Alkohol, mein Lieber, ist absolutes Gift für jede Diät", wusste Annemarie Hausmann, die neben ihn getreten war. „So ein köstliches stilles Wasser" und sie schenkte ihm ein Glas aus der bereitgestellten Flasche ein, „hat alle Mineralstoffe, die dein Körper jetzt braucht."

Gustl Haussmann gab sich nicht so leicht geschlagen.

„Wenn schon Diät, dann werde ich mich für die Mangodiät entschließen", sagte er und gab seinem Quarktellerchen einen Schubs. Seine Frau schaute zweifelnd, aber auch etwas erfreut, weil er sich offensichtlich dem Gedanken an eine Diät nicht ganz verschloss.

„Frische, reife Mangos? Hier bei uns? Das wird etwas mühsam sein."

„Überhaupt nicht. Das Praktische an meiner Diät ist: Man darf alles essen außer Mangos", alberte er und grinste seine Frau an. „Und von wegen keinen Alkohol. Ich arbeite gerade im heroischen Selbstversuch an einer Erfindung, wie Alkohol Giftstoffe im Körper eliminiert. Denn die Nahrungsmittel, die wir zu uns nehmen, enthalten doch inzwischen mehr Pflanzenschutzmittel als Vitamine. Solch eine wissenschaftliche Arbeit darf nicht willkürlich abgebrochen werden. Das verfälscht das Forschungsergebnis."

Schließlich sah er ein, dass alle Ablenkungsmanöver nichts halfen. Er musste den Quark hinter sich bringen.

„Ich halte nichts von gnadenloser Selbstkasteiung", lamentierte er mit gespieltem Würgen.

„Nun hab dich nicht so. In jeder Schlankheitsfibel steht es: Abnehmen macht Spaß."

„Und das glaubst du? Wundert mich nicht. Du glaubst ja auch an die Auferstehung des Fleisches."

„Sich tüchtig bewegen, am besten Gymnastik machen, das gehört ebenfalls zu einer erfolgreichen Gewichtsreduzierung", ließ sich Frau Hausmann vernehmen, als ihr Mann nach dem Essen nach der Zeitung griff und es sich auf dem Sofa bequem machen wollte.

„Ich bin doch gerade im Begriff, damit anzufangen. Ich habe mich für Augengymnastik entschieden", und verschwand hinter dem Blatt. „Aber wenn du der Meinung bist, es bringt mehr, wenn ich einem Sportverein beitrete, so melde ich mich bei den Schützen an", fügte er noch hinzu und hob seine Zeitung ein Stück höher, damit seine Frau sein Schmunzeln nicht sehen konnte. Doch erst einmal reduzierte er seine ohnehin kümmerliche körperliche Aktivität um weitere Grade. Immerhin. Er stellte den abendlichen Pendelverkehr zwischen Kühlschrank und Couch ein und fühlte sich heldenhaft. Er krönte sein Heldentum am nächsten Morgen mit einem mutigen Schritt auf die Waage.

„Das Ding ist doch kaputt, ich müsste wenigstens fünf Kilo weniger haben, so eisern wie ich gestern Abend war", rief er verärgert aus dem Bad. „Gestern hat sie

noch funktioniert", sagte seine Frau und kam aus dem Schlafzimmer. Sie sah ihren Gustl völlig netto die gewagteste Akrobatik auf der kleinen Trittfläche vollführen.

„Wenn du weiter so halsbrecherisch auf der Waage herum turnst, wirst du dir noch das Genick brechen."

„Na, prima, dann brauch ich schon nicht mehr abzunehmen."

„Sei doch nicht so negativ eingestellt. Abnehmen beginnt im Kopf."

„Komisch, warum spüre ich es dann im Bauch? In meinen Eingeweiden bohrt es, als sei dort jemand auf der Suche nach einer Ölquelle."

„Das ist nur am Anfang so, das legt sich, wenn dein Magen auf kleinere Mahlzeiten eingestellt ist. Ich werde dir jetzt ein feines, sättigendes Müsli vorbereiten."

Seine Frau gab sich in den kommenden Tagen alle erdenkliche Mühe. Ihre Arrangements aus Petersilie und Schnittlauchröllchen hätten einen Bambi verdient, wäre dazwischen, kulinarisch gesehen, nicht das absolute Nichts gewesen. In der Kantine ging er tapfer, wenn auch abgewandten Gesichts an all den verbotenen Köstlichkeiten vorbei und bediente sich vegetarisch.

Der Verführung erlag er andernorts. Fast genau in der Mitte auf dem Weg zwischen Betrieb und Wohnung stand eine Currywurst-Bude. Die Currywurst verströmte ihren betäubenden Duft großzügig in weitem Radius und sandte jedes Mal auch ein Duftpaket in Gustl Hausmanns Wageninnere, wenn er nach Dienstschluss mit knurrendem Magen die Stelle passierte.

Und da geschah es. Ohne es richtig zu wollen, quasi wie ferngesteuert, haute Gustl Hausmann den Blinker rein, riss das Steuer nach rechts und scherte aus. Nach wenigen Metern stand er dem Verführungsobjekt Auge in Auge gegenüber. Nur mäßig getrübt durch ein Gefühl der Scham verschlang er zwei Exemplare. Und da ihn dieses Schamgefühl nicht wesentlich behinderte, wiederholte er nun auf jeder Heimfahrt das Zeremoniell.

Nach zwei Wochen zeigten sich bei Annemarie Hausmann sichtbare Erfolge. Nicht so bei ihrem Mann.

„Da kann irgendetwas nicht stimmen, Gustl. Hintergehst du mich?", fragte sie argwöhnisch. „Du hast ja fast immer noch gleichviel Pfunde wie zu Beginn unserer Kur."

Ihr Mann versuchte abzulenken. „Jetzt enttäuschst du mich aber sehr, liebe Annemarie. In großen Romanen sagt die liebende Ehefrau in solchen Fällen: ‚Mit jedem Pfund, das du zulegst, habe ich mehr, das ich lieben kann.'"

„Du bringst da gewaltig etwas durcheinander. Diesen Satz sagt allenfalls der Schweinezüchter Zsupan im ‚Zigeunerbaron' zu seiner schlachtreifen Sau im Stall", berichtigte Annemarie mit einer Nüchternheit, wie sie nur fünfundzwanzig Ehejahre hervorbringen können. „Ich glaube fast, du bist krank." Ihre Miene wechselte vom

Vorwurfsvollen ins Besorgte. „Vielleicht sammelt sich bei dir Wasser im Gewebe oder es ist der Beginn echter Dickleibigkeit. Du musst unbedingt zum Arzt gehen. Ich werde gleich morgen einen Termin für dich vereinbaren." Und sie machte eine Handbewegung, als gebe sie das Zeichen zum Beginn interplanetarischer Kampfhandlungen.

„Das ist nun das endgültige Aus für die Currywurst", murmelte Gustl leise vor sich hin und verfiel in eine sanfte Melancholie. „Schade um das schöne Ritual. Aber nein, Annemarie hat es nicht verdient, hintergangen zu werden. Bei all der Kalorienzählerei und dem Jonglieren mit Milliliter und Milligramm hat sie sich ja fast das Gehirn verstaucht". Er plädierte auf schuldig und rang sich zur inneren und äußeren Umkehr durch.

An diesem Abend brachte er seiner Frau einen riesigen Blumenstrauß mit nach Hause. „Sei nicht böse, Annemarie, die Currywurst war stärker. Sie flüsterte mir ständig die Parole eines vernünftigen Fastenpredigers ins Ohr, der sagte: ‚Lieber etwas mehr genießen, als selbst ungenießbar sein'. Aber ich verspreche dir hoch und heilig: ab sofort keine Ausrutscher mehr. Ich werde so schlank werden, dass du an der Silberhochzeit glauben wirst, ein fremder Mann stehe neben dir."

Spätlese mit Prädikat

„Wo liegt denn Zypern überhaupt?", fragte Johannes und sah nicht gerade sehr geistreich aus. Er blätterte etwas ratlos in den grellbunt bedruckten Prospekten, die ihm Hannelore in die Hand gedrückt hatte.

„Da, wo die Götter Urlaub machen", antwortete sie und zog ein wenig spöttisch die Mundwinkel nach unten. Sie warf einen besorgten Blick auf den künftigen Reisebegleiter. Denn auch bei vornehmster Zurückhaltung musste gesagt werden, dass bei ihm alles bereits etwas aus dem Ruder gelaufen war. Werden ihn die Türsteher einlassen, die es dem bunten Hochglanzprospekt nach mit göttlicher Kundschaft zu tun haben? fragte sie sich.

Vorsichtshalber stellte sie Johannes ihrer Schwester vor. „Bist du sicher, dass die Partnervermittlung ihn nicht versehentlich aus der Kartei für Schwervermittelbare gezogen hat ...?", war deren einziger Kommentar.

„Sei nicht so streng!", gab Hannelore zur Antwort und bemühte sich um Zuversichtlichkeit. Denn die Jugend und ein Partner waren ihr bereits abhanden gekommen.

„Ich weiss selbst, dass es kein Prinz aus dem Morgenland ist. Aber in unserem Alter kann man nicht mehr so wählerisch sein. Schau uns doch mal an. Ohne tatkräftige Unterstützung von Kosmetikindustrie und Textilbranche würden wir schon gehörig brüchig dastehen. Und Männer haben nun mal in der Regel eher einen Hang zu jungen Frauen als zu Altertümern."

„Na, wie du meinst. Jedenfalls finde ich die Idee ganz gut, erst einmal ohne die lächerliche Fahrlässigkeit der Verliebten zu testen, ob er für den täglichen Trott geeignet ist. Eine gemeinsame Reise bringt so manche nervtötende Schrulligkeit an den Tag. Rechtzeitig."

„Denkst du jetzt an den Tick meines verflossenen Ehemannes, den Benzintank stets bis zum Anschlag leer zu fahren, der jede gemeinsame Autofahrt zur Zitterpartie werden liess? Und der mich dazu brachte, Schlafsäcke im Kofferraum zu deponieren, weil stets damit zu rechnen war, irgendwo in abgelegener Wildnis nächtigen zu müssen?"

„Zum Beispiel. Oder dein Reisebegleiter bemerkt, bevor es zu tieferer Anhänglichkeit kommt, deine Marotte, Verschlüsse auf Flaschen und Gläsern nach Gebrauch immer nur lose aufzulegen, statt festzuschrauben. Eine Angewohnheit, die dem nächsten Verbraucher die hundertprozentige Chance gibt, den Inhalt grossflächig über Tisch, Teppich, Kleidung und Ähnliches zu verteilen."

„Schon möglich", sagte Hannelore spitz. Eine schwesterliche Gehässigkeit im Ton war nicht zu überhören.

„Tiefe Gefühle hin, große Leidenschaft her. Der Liebe auf den zweiten Blick ist immer mehr zu trauen als dem *coup de foudre*, diesem unheilträchtigen Pfeil Amors."

Und ganz ohne logischen Anschluss fügte sie noch hinzu: „Eigentlich schade, sie kann so schön ironisch lächeln, deine Karteikarte. Fast wie Rhett Buttler."

Am Flughafen überließ Johannes großzügig seiner Reisebegleiterin das Steuer des Mietwagens. Bis zum gebuchten Hotel waren es ungefähr fünfzig Kilometer zu fahren. Nach kurzer Zeit verließen sie das Stadtgebiet. Die Straße war freundlich genug, meist geradeaus zu verlaufen. Schon von weitem erblickten sie das schneeweiße Huhn, das mitten auf der Straße spazierte, obwohl das für Fußgänger verboten ist. Hannelore blieb mit dem Handballen auf der Hupe und walzte dann mit wilder Entschlossenheit über das Huhn weg, dass es flach wie eine Pizza liegen blieb.

„Oh! Hättest du nicht ein bisschen ausweichen können? Das ist ein schlechtes Omen", murmelte der Beifahrer betrübt.

„Das nächste Mal versuch ich's. Nach der Straßenverkehrsordnung war das Huhn entschieden im Unrecht", gab Hannelore leicht gekränkt zurück.

So viel Getue um ein dahingeschiedenes Huhn schien ihr unangebracht. Aber wenigstens war er kein stetig nörgelnder Beifahrer. Das Gespräch wäre sicher noch tiefsinniger geworden, hätte die Landschaft nicht abgelenkt. Die Straße führte durch Wiesen, die zu dieser Jahreszeit verbrannt aussahen, abgeerntete Felder wechselten mit Zitronenplantagen und Olivenhainen, eingerahmt von kargen Hügeln. Ginster, Oleander und Tamariskengewächse zogen sich die Hänge hoch.

Hannelore hatte die Scheiben heruntergekurbelt und fuhr jetzt sehr langsam. Draußen roch es nach würzigen Kräutern und sonnenverbrannter Erde – und drinnen nach Sprachlosigkeit. Da schrillten bei Hannelore sofort die Alarmglocken. Einmal begangene Sünden meiden, lautet das Gebot der Stunde bei Neuanfängen. Beherzt fing sie ein Gespräch an: „Schau mal, wie schön das Wetter ist. In Deutschland dürfte sich bereits der erste Nebel breitmachen", begann sie mit einem Seitenblick auf ihren Begleiter zu kommunizieren. Der schaute mit arg gespanntem Gesicht und leicht gerunzelter Stirn geradeaus.

„Hörst du nicht den Hirtengott Pan auf seiner Flöte spielen?", versuchte es Hannelore noch einmal und deutete mit dem Kopf in die Richtung eines Hügels rechts der Straße. „Ich höre nur das Röhren des durchgerosteten Auspuffs", antwortete Johannes nüchtern.

Die Luft flirrte in der Ebene und war angefüllt mit dem Schwirren der Zikadenmusik. Am Fuße der Anhöhe unter silberschattigen Ölbäumen tummelte sich eine Ziegenherde. Das Gebimmel ihrer Glöckchen und die Pfiffe des Hirten waren bis zur Straße zu hören.

„Hoffentlich verirrt sich keine Ziege auf die Straße, damit sie nicht geschädigt oder mehr, als nach den Umständen unvermeidbar, behindert oder belästigt werde", sagte Johannes und grinste versöhnlich.

Sie hatten sich für getrennte Zimmer im Hotel entschieden. Vorsichtshalber. Einvernehmliche Absprache zweier Beziehungsgeschädigter. Keine Zahnpastaspritzer auf dem Badezimmerspiegel, kein chaotisches Durcheinander von Schmutzwäsche und Kleidungstücken auf Sessel und Bett, keine zerfledderten Zeitungen. Nichts von all dem, was im Alltag die Liebe auffrißt, sollte „die Installation einer neuen Software", wie sich Johannes bei der Reservierung ironisch geäußert hatte, besudeln.

„Möchtest du die Gegend etwas erkunden?", fragte Hannelore am nächsten Morgen mit Blick auf seinen Fotoapparat und zeigte auf die sanften Hügel hinter dem Hotel.

„Zu Fuß?" Er war so perplex, als hätte er am Ende der Beine Schwimmflossen. „Wollen wir uns nicht lieber ein wenig am Strand von den Strapazen der Reise erholen?" schlug er vor und warf begehrliche Blicke auf den Zeitungskiosk im Foyer, der in großer geistiger Bandbreite den deutschen Urlaubern Zerstreuung versprach.

„Na gut, zum Eingewöhnen."

Nach zwei faulen Tagen am Strand wurde bei Hannelore das Bedürfnis nach Bewegung übermächtig, und sie studierte die Tafel mit den Animationsvorschlägen.

„Tauchen für Anfänger, in jedem Alter gefahrlos möglich", las sie laut vor.

„Tau...?" Mit aufgerissenen Augen stand er da und machte ein Gesicht, als werde ihn gleich der Schlag treffen.

Sie warf einen Blick auf den Umfang seiner Erscheinung und musste zugeben, dass es in seiner Größe schwerlich Tauchanzüge geben würde. Also verbrachten sie den Tag wieder am Gestade. Mit den Füßen im Wasser und Sehnsucht im Blick schaute Hannelore den vorbei flitzenden Wasserskiläufern nach und lächelte dem smarten Skilehrer zu, der ihr bei jedem Schwenk am Strand vorbei zuwinkte, während Johannes seinem ausgeprägten Informationsbedürfnis Rechnung trug.

„Wir könnten es doch auch einmal mit Wasserskilaufen versuchen. Schau mal, es sieht ganz einfach aus. Man kann höchstens ein bisschen nass werden". Und sie versuchte mit ihrem Lächeln, die Zeitung vor Johannes' Gesicht zu durchlöchern.

„Man muss dem Zeitgeist widerstehen können, jenem höheren Wesen, das sich von *event zu event* hangelt und auch im Urlaub viel *fun* und *risk* haben will", erwiderte das Informationsbedürfnis und nahm das nächste Presseblatt zur Hand.

Der Strahlemann im Boot rief Hannelore zu: „Hey,

möchten Sie nicht mit mir ein paar Runden drehen, bevor Sie in eine tiefe Sinnkrise stürzen?"

Und ob sie wollte. Und nun war sie es, die bei jedem Schwenk am Strand vorbei ihrem zurückgelassenen Begleiter zuwinkte. Von diesem Moment an wiederholte sich der Blick des Informationshungrigen über den Zeitungsrand hinaus in immer kürzeren Abschnitten. Hellwach plötzlich.

„Sie macht noch eine verdammt gute Figur als Badenixe", murmelte er verdutzt, als sei er eben erst sehend geworden. Nach einem finsteren Blick auf den Strahlemann knirschte er mit den Zähnen und vertauschte sehr schnell die Zeitung mit einem Reiseführer. Er empfing sie nicht gerade mit einem Schlachtruf auf den Lippen, aber mit ungeheuer viel guten Willen im Gesicht:

„Hättest du Lust, morgen eine große Besichtigungstour zu machen?", rief er und gratulierte sich zu seiner pfiffigen Idee.

„Prima. Das gefällt mir sehr!", sagte sie und musterte ihn nachdenklich. „Ich hatte schon den Verdacht, du bist nur auf der Suche nach den kalkulierbaren Genüssen einer Partnerschaft und einer warmen Mahlzeit täglich."

„Sei nicht so grausam", antwortete er und lachte verlegen und entwaffnend zugleich. „Frauen wissen doch, dass Männer etwas fühlen, nur was genau sie fühlen, das wissen Männer eben nicht."

„Oder wollen sich nicht damit auseinandersetzen.

Weil es anstrengender ist, sich in der Gefühlswelt zu tummeln, als Reifen am Auto zu wechseln."

„Klar doch. Ein Reifen ist eine scharf umrissene, überschaubare Sache. Man kann damit sogar an die Börse gehen. Aber Gefühle ..." Er lachte sie an auf eine Art, die mit einem Reifenwechsel aber auch gar nichts zu tun hatte und brachte damit ihre Selbstsicherheit in gefahrvolle Nähe eines Absturzes.

Ihr letztes Nachtessen nahmen sie auf der Dachterrasse des Hotels ein.

Die Sonne stieg gerade aus dem Tag und ließ ihre bunten Gewänder am Horizont zurück.

Ein Jet bündelte die Pracht mit seinem Kondensstreifen und verschwand spurlos, als wäre er der Sonne nachgestiegen.

Langsam schob der Wind aus den Hügeln eine dunkle Dunstwolke vor sich her, die sich über der Stadt niederließ und sie einhüllte, bis die Häuser nur noch als Schemen zu erkennen waren.

Über den Wolken schien für Augenblicke der Fernsehturm zu schweben und zu flanieren. Dann fiel die Nacht über die Stadt und eine unermessliche Zahl von Lichtquellen löschte alle Märchenbilder aus.

„Hast du gesehen, wie schön das war? Man bekommt richtig eine Gänsehaut auf der Seele", sagte Hannelore und zog ein wenig fröstelnd die Schultern ein.

„Ja, ganz nett, aber fast schon kitschig", erwiderte Johannes, und seine Hand spielte ungeduldig mit der

Zeitung, die neben dem hastig ausgetrunkenen Weinglas lag.

„Glaubst du nicht, wir sollten unsere Sachen packen gehen, damit wir morgen früh ohne Hektik abreisen können?"

Sie schaute ihn nachdenklich an und bekam ganz sonderbare Gedanken: „Warum nur müssen Männer Beziehungen ständig mit dem Zündklappenventil eines Sechszylinders verwechseln? Vielleicht sollte ich es doch einmal mit einem Hund probieren. Der zeigt wenigstens seine Gefühle. Aber die Kommunikation mit ihm wäre auf Dauer etwas anspruchslos, das ist wahr. Und noch eins. Möglicherweise würde er mich überleben und säße dann jaulend auf meinem Grab ..."

Während Hannelore langsam ihren Stuhl zurückschob sah sie im Geiste die Kartei der Partnervermittlung vor sich. Sie war prall gefüllt mit Kontaktadressen. Plötzlich spürte sie eine Hand, die sich überraschend sanft auf die ihre legte. Ziemlich nah und ziemlich leise hörte sie die Stimme von Johannes:

„Schau mal, Hannelore, jahrzehntelang war es meine Aufgabe, das Bruttosozialprodukt zu vermehren. Dabei wird einem die Lust auf Romantik und all so was gründlich genommen. Aber ich möchte nicht noch mal jemanden verlieren, nur weil ich Wesentliches und Nebensächliches durcheinanderbringe. Möchtest du es nicht doch mit mir versuchen? Ich glaube, das Rohmaterial ist ganz brauchbar."

Hier entstand eine kleine Pause. „Vielleicht lässt es sich ja arrangieren, irgendwo anders als auf Wasserskiern oder im Taucheranzug unter Wasser zu heiraten."

Überrascht wandte sie sich ihm zu. Und begrub ganz, ganz schnell die Gedanken an Kontaktadressen und Hund.

Jahreswagen

Paul Kern hatte Glück. In vorgerücktem Alter noch einmal bei einer renommierten Autofirma unterzukommen, versetzte ihn nahezu in Euphorie und er genehmigte sich eine Flasche Prosecco. Er stieß mit seiner Frau an und rief: „Auf meinen neuen Job und auf den Jahreswagen, Erna! Endlich mal ein gescheites Auto."

Denn der zweite Glücksfall für ihn war die Möglichkeit, mit einem ordentlichen Firmenrabatt an das Auto zu kommen, von dem er geträumt hatte, seit er Automarken unterscheiden konnte.

Sein Kollege Erich, ein geübter Jahreswagenfahrer, führte ihn in die Thematik ein. Dazu hob er bei jeder Bekanntmachung die rechte Faust wie ein gewiefter Wanderprediger, der die Geißeln Gottes verkündet. Bei jeder sich bietenden Gelegenheit kam eine neue Warnung.

„Schonend damit umgehen", rief Erich fast drohend und die Faust fuhr hoch. Er holte sie zurück, nahm einen Schluck Bier aus der Flasche und ballte erneut die Hand zur Faust. „Ich sag dir, beim Wiederverkauf erlebst du die tollsten Sachen. Die Käufer sind eine schlimmere Heimsuchung als die Pest." Hier blieb die Faust ziemlich lange in der Luft. „Sie ziehen dir bei jedem Mückenschiss, den sie entdecken, glatt 1000 Mark ab." Wieder ein Schluck Bier und ein paar Kraftausdrücke an die Adresse der zukünftigen Käufer.

„Also aufgepasst!", schmetterte er, und es klang ziemlich unheilträchtig. Paul änderte seine Bestellung ein paarmal, weil – wie Erich versicherte – ohne bestimmte Extras an einen Verkauf ohne Verlust nicht zu denken war. Kurz vor der Auslieferung war Paul so verunsichert, dass er erwog, den Wagen ein Jahr lang in der Garage stehen zu lassen und mit seiner alten Rostschaukel weiterzufahren, damit nur ja beim Wiederverkauf kein Defizit in der Finanzierung entstünde. In seinem Alter konnte er sich Finanzkräche nicht mehr leisten.

Er hatte ein wenig Herzklopfen, als er dann endlich mit seinem Traum allein war, nachdem ihm ein Krawattenträger nach kurzer Einführung Schlüssel und Papiere überreicht hatte. Sanft glitt der Wagen dahin, butterweich strich er über den Asphalt und brummte zuverlässig. Das verwirrend wirkende Cockpit blinzelte ihm aufmunternd zu, und Paul ging das Herz auf.

Zu Hause angekommen, präsentierte er den Wagen voll Stolz seiner Frau. „Sieh mal, Erna", sagte er und machte eine Handbewegung, als hätte er gerade ganz allein das Elsass zurückerobert. Der Besitzerstolz blieb nicht lange ungetrübt, da die Warnungen seines Kollegen Erich drohend wie Partisanen aus dem Hinterhalt auftauchten.

„Schonbezüge muss man schonen!", sagte Paul deshalb zu seiner Frau und schickte sie los, nach den früheren Spieldecken der Kinder zu suchen, die er dekorativ über die Sitze warf und die von ihrer neuen Heimat aus verschmitzte, bunt karierte Blicke auf die Betrachter warfen.

„Und was die Leichtmetallfelgen angeht, ist ebenfalls äußerste Vorsicht geboten. Wie schnell radiert man mal kurz am Randstein oder an einem Blumenkübel. Erich hat mir da einen Satz alter Felgen mitgegeben, der passen müsste."

Erna stand bewundernd dabei, als er die Edelfelgen abmontierte, sie sorgsam in Noppenfolie verpackte und die Ersatzfelgen aufzog, die dem Aussehen nach schon mehrere innige Berührungen mit Bordsteinen und ähnlichen Hindernissen gehabt haben müssen.

„Die Fußmatten. Auch so eine Schwachstelle. Stell dir nur vor, wenn wir mit den Gartenschuhen einsteigen, oder von einem der dreckigen Wanderparkplätze im Wald aus. Da müssen unbedingt Gummimatten darüber." Und augenblicklich verschwanden die makellosen Velourmatten unter abgewetzten Gummilappen.

„Und der Lack, der braucht ebenfalls Schutz. Ganz dringend sogar."

Erich hatte ihm da ein Mittel empfohlen („... saustark,

kann ich dir nur sagen!"), das sich Paul bereits besorgt hatte.

Also wurde der Wagen auch gleich gesalbt und war nun quasi mit den höheren Weihen versehen. Nach drei Stunden war das Auto für den täglichen Gebrauch gerüstet. Die größte Herausforderung stand allerdings noch bevor. Es galt, den hinterhältigen Attacken des täglichen Verkehrs mit großem Weitblick zu begegnen, und das Blech gewordene Designwunder makellos durch all die heimtückischen Hinterhalte der Straße zu bringen. Allein das Parken erforderte Pauls sämtliche verfügbaren strategischen Fähigkeiten. Aber auch da hatte Erich mit guten Ratschlägen bereits vorgearbeitet: Im Parkhaus waren Plätze zu meiden, die an den unvermeidlichen Säulen lagen und die in jeder öffentlichen Garage zahlreicher vorkamen als im alten Rom. Sich neben protzige Riesenschlitten zu stellen, die frech und aufdringlich zu nahe an der weißen Markierung parkten, war ebenfalls gefährlich. Eine nebenan unvorsichtig aufgerissene Autotüre konnte am eigenen Fahrzeug erheblichen Schaden anrichten. Auf einem Parkplatz im Freien gar lauerte zu jeder Jahreszeit eine andere teuflische Gefahr: Kot von Blattläusen, klebrige Rückstände von Blüten, herabstürzende Zweige, Äste, Kastanien, Bucheckern, Nüsse, alles lackschädigende Elemente schlimmster Sorte.

All das wollte bedacht sein. Am gefährlichsten jedoch waren Steinschläge, angezeigt durch diese plötzlich auftretenden kurzen dumpfklickenden Geräusche beim entspannten Dahinrollen auf dem Asphalt.

Ein Sicherheitsabstand von mindestens hundert Metern hinter Lastwägen und weiträumiges Überholen dieser Straßenmonster waren weitere zu beachtende Aspekte.

Unter Lackschützern spricht es sich schnell herum: Gegen jedwede Schändung muss das spezielle Gegenmittel sofort verfügbar sein. Tuben, Flaschen und Kolben stapelten sich nach kurzer Zeit im Regal der Garage, und es sah dort aus wie im Badezimmerschrank einer alternden Diva.

Lediglich eines fehlte noch im Sortiment: ein Spray gegen die neiderfüllten Blicke der Nachbarn. Paul hatte sich angewöhnt, nach jeder Fahrt das Auto zu umrunden und es mit seinem Vergrößerungsglas aus der Briefmarkensammlung nach Verletzungen abzusuchen.

Gegen alles hatte er Vorsorge getroffen, den launischen Wettergott aber hatte Paul außer Acht gelassen. Er befand sich auf der Heimfahrt von Schwager Kurt, dem die Karosse ja auch vorgestellt werden musste, als sich dunkle Wolken am Himmel zusammen zogen. Immer schneller, immer dunkler, immer bedrohlicher und Paul bekam so eine Ahnung: „Es wird doch kein Hagel kommen?", fragte er beunruhigt seine Frau.

Erna warf einen interessierten Blick zum Himmel und bestaunte die dräuende Wolkenformation. Kaum hatte Paul ausgesprochen, hüpfte bereits das erste Körnchen auf die Motorhaube. Da packte ihn das blanke Entsetzen. Visionär sah er den Lackmantel seines Wagens wie ein Objekt moderner Kunst durchsetzt von Beulen, Vertiefungen, Mulden und Dellen. Und es tat ihm auf einmal sehr Leid, mit der Kirche nichts am Hut zu haben. Denn das Gelübde einer mittelschweren Wallfahrt zur Abhaltung des Hagels ablegen zu können, hätte ihm in dieser Sache kurzfristig Erleichterung gebracht.

In Minuten höchster Gefahr reagiert der Geist sehr oft unkontrolliert. Nur so lässt sich sein Stoßgebet erklären, das er ausstieß: „Heiliger …, na, zum Teufel wie heißt denn noch mal der Zuständige dort oben für sowas, schieb doch die gefährlichen Wolken über mir etwas zur Seite!"

Heilig oder unheilig, auf einen Kuhhandel lassen sich die Überirdischen nicht ein. Die harmlos wirkenden weißen Körnchen tänzelten vor ihm auf der Straße wie die Lipizzaner in der Hofreitschule und sparten auch seinen Wagen nicht aus. „Verdammt!", brach es aus Paul heraus. Er starrte entsetzt nach draußen. Dort vermehrten sich die weißen Körnchen schneller als die Kaninchen. Da platzte ihm endgültig der Kragen und er schrie außer sich vor Sorge um seinen kostbaren Besitz:

„Zum Donnerwetter, fühlt sich denn keiner von diesen Hosianna-Singers dort oben angesprochen? Das ist ja wie in der Politik."

Geradezu kopflos vor Panik bog er um eine Kurve – und traute seinen Augen nicht. Keine fünfzig Meter ent-

fernt winkte der schützende Schlund einer Unterführung. Eine weitere besonders schwere Prüfung blieb ihm zum Glück erspart: Seine Frau besaß keinen Führerschein.

„So, Paul, ist es schon so weit?", rief der Nachbar über die Ligusterhecke, als sich das Putzgeschwader vor der Garage installierte. Es bestand aus Erna und Paul, einem Staubsauger, einem Hochdruckgerät, Putzeimern und einem Waschkorb voller Wundermittel.

Nicht weiter überrascht sah der Nachbar zu, wie Paul seiner Erna eine Zahnbürste in die Hand drückte, mit der die Fugen um die Radkappen zu reinigen waren. Erna staunte über nichts mehr. Sie war seit fast dreißig Jahren mit Paul verheiratet. In guten und in schlechten Tagen. Paul suchte so routiniert nach Staubkörnchen und nahm den Wagen dazu auseinander, als hätte er eine Lehre bei der Rauschgiftkommission absolviert.

Wie ihm Erich vorhergesagt hatte, rückten die Kaufinteressenten an, den Kofferraum voll von Gerätschaften zur Ortung versteckter Mängel. Besonders sportliche scheuten nicht davor zurück, auf dem Rücken liegend, die Unterseite des Autos zu examinieren. Die Fülligeren brachten für diese Prozedur Spiegel mit, die geeignet gewesen wären, neue Galaxien im Weltraum zu entdecken oder schickten ihren minderjährigen Nachwuchs unter den Autoboden. Und allesamt führten sie abfällige Reden, als begutachteten sie ein Auto vom Schrottplatz. Sie drückten den Preis so tief, dass Paul zur Abwendung seines Ruins keine andere Möglichkeit sah, als den Jahreswagen dem Autounternehmen zum Rückkauf anzubieten.

Zunächst ließ sich die Sache dort nicht schlecht an und erinnerte bei etwas großzügiger Betrachtungsweise an die IAA. Aber nur fast. Denn statt leicht bekleideter Grazien beherrschten Männer im blauen Anton die Szene. Paul sah auf den ersten Blick, dass es keinen Sinn hatte, ihnen aus Gründen einer positiven Beeinflussung ein wenig um den Bart zu gehen. Der Wagen bekam einen Platz an einer exponierten Stelle. Und dann – Spot an. Im gleißenden Licht der Scheinwerfer umkreisten die Blaumänner mit undurchdringlichen Mienen den Wagen.

„Hier eine matte Stelle auf dem Lack!", sagte einer der Blauen trocken. Zack! 500 Mark Abzug! „Da ist der Lack mit etwas in Berührung gekommen", warf ein Zweiter völlig ungerührt ein. Bevor Paul schüchtern dagegenhalten konnte, dass es sich möglicherweise um den Flügelschlag einer Libelle gehandelt haben könnte, waren schon wieder 500 Mark beim Teufel. Um es kurz zu machen. Paul Kern bekam im Laufe der Veranstaltung noch mehrmals Gelegenheit, kräftig zusammenzuzucken. Abends dann köpfte er wieder eine Flasche Prosecco, weil ihn die Verkaufsverhandlungen zwar an den Rand des Grabes gebracht hatten, aber nicht in dasselbe. Er schenkte sich und seiner Erna ein Glas voll ein.

„Heiliger Christopherus!", entfuhr es ihm – den zuständigen Namen hatte ihm seine Mutter verraten, die in der Hackordnung auf göttlicher Ebene bestens bewandert war – und hob feierlich die linke Hand:

„Jetzt schwöre ich es: Nie wieder Jahreswagen!"

Er nahm einen Schluck. Dann stellte er das Glas ab. Und nach einem länger währenden Blickkontakt mit seiner Frau, die lächelte, als wüsste sie bereits, was kommt, unterschrieb er flott und unleserlich die Nachfolgebestellung.